态化办学

粤港澳大湾区集团化办学的实践探索

邵爱国 ◎著

海天出版社
HAITIAN PUBLISHING HOUSE
·深圳·

图书在版编目（CIP）数据

生态化办学：粤港澳大湾区集团化办学的实践探索 /
邵爱国著 . -- 深圳：海天出版社，2022.10
（深思教育书系）
ISBN 978-7-5507-3595-8

Ⅰ．①生… Ⅱ．①邵… Ⅲ．①中学－办学模式－研究
－广东、香港、澳门 Ⅳ．① G639.286.5

中国版本图书馆 CIP 数据核字 (2022) 第 142725 号

生态化办学——粤港澳大湾区集团化办学的实践探索
SHENGTAIHUA BANXUE——YUE-GANG-AO DAWANQU JITUANHUA BANXUE DE SHIJIAN TANSUO

出 品 人　聂雄前
策划创意　张晶莹
责任编辑　王　博　侯天伦
责任校对　万妮霞
责任技编　陈洁霞
封面设计　新触点

出版发行　海天出版社
地　　址　深圳市彩田南路海天综合大厦（518033）
网　　址　www.htph.com.cn
订购电话　0755-83460239（邮购、团购）
排版制作　北京云画星空文化传媒有限公司
印　　刷　深圳市华信图文印务有限公司
开　　本　787mm×1092mm　1/16
印　　张　12.75
字　　数　204 千字
版　　次　2022 年 10 月第 1 版
印　　次　2022 年 10 月第 1 次
定　　价　66.00 元

解开"深高"发展范式的"密码"：生态化办学模式

因工作关系，我与深圳高级中学（集团）（以下简称"深高"）结缘大概有十来年了。十多年来，我不但结识了一大批有情怀、有追求、爱学习、勤实践、善开拓的一线教师朋友，也见证了学校快速发展的办学历程。尤其是进入新时期深高实施集团化办学以来，在学校规模迅速扩大、办学模式趋于多元、学校治理难度不断提高的情况下，学校各项事业仍然生机勃勃、蒸蒸日上，成功实现了从"深高速度"迈向"深高质量"、从"深高品牌"挺进"深高创造"的精彩演进。一所办学才 25 年的年轻学校，就形成了基础教育领域独特的"深高现象"，并引起社会的广泛关注。在惊叹其高质量办学成就和强劲办学活力的同时，我也产生了探寻深高办学实践路径和解锁成功"密码"的兴趣。

在拿到爱国校长《生态化办学——粤港澳大湾区集团化办学的实践探索》书稿并看到这个书名时，一直存留在脑子里的问题似乎顿时消失了。当置身于蓝天白云、青山碧水、溪水潺潺、草长莺飞的环境中，我们一定会感到心旷神怡。这是我们每个人所期盼的大自然生态，这就是习近平总书记倡导的生态文明的真实写照。那当我们的孩子走进校园、接受来自学校的教育时，一个良好的学校环境就是孩子健康成长的生态场域。

本书借鉴生态学意义上的隐喻，将集团化办学与生态系统中的生物、生境之间做同构映射，从治理理念、文化认同、课程布局、校区协同、资源互通共享、分布式管理、师生相互成全等各个要素出发，形成生态化办学理念，构建深高的生态化模式。比如：在集团生态化治理实践探索中，聚焦于基于生态思维，旨在优化分校决策与集团决策之间的协同机制，即集团化运行过程中，与学校发展相关的重要信息（包含行政、科研、经验、协同等）在分校内部以及集团内部的产生、流动、反馈；希望通过生态思维提高信息传递的有效性，通过生态化发展模式科学合理地优化教育资源配置，减少浪费与虚耗，集中力量解决问题或培育人和团队，提高教育资源的投入产出效率，即以有限的资源培养更多的人才；等等。由此，我们从生态化办学中管中窥豹，希望找到解锁深高"密码"的钥匙。不难看出，这本书是由跋涉路上一个一个的脚印拼接起来的，记录了深高人办学实践的艰辛和收获，凝聚了爱国校长及其团队的智慧。

经过 40 多年的改革开放，深圳创造了世界城市发展史上的奇迹，凝练出"敢闯敢试、开放包容、务实尚法、追求卓越"的深圳精神。深高短短 25 年的发展，正是传承了深圳"敢闯敢试"的精神"基因"，书写了深圳教育的一段传奇。新的历史时期，深圳承载着国家建设中国特色社会主义先行示范区的崇高使命，深圳教育也将承担建设"普通高中新课程新教材实施国家级示范区"的光荣使命。深高生态化办学的实践与探索，为粤港澳大湾区，乃至全国基础教育学校提供了深圳表达、深高范式。期待爱国校长的《生态化办学——粤港澳大湾区集团化办学的实践探索》能给更多学校以启示。

北京师范大学教育学部部长　朱旭东

2022 年 6 月 26 日

开辟集团化办学的新径

《中国教育现代化 2035》指出，要以习近平新时代中国特色社会主义思想为指导，推动各级教育高水平高质量普及，实现基本公共教育服务均等化，构建服务全民的终身学习体系。教育质量、教育发展能力显著提升，教育优先发展战略地位有效落实，国家财政性教育经费投入占国内生产总值比例连续十年不低于 4%，生均拨款制度逐步建立。各级各类学校特别是农村学校办学条件有较大改善，教师队伍素质进一步提高，教育信息化全面推进。教育对外开放水平显著提升，国际影响力稳步增强。教育体制改革取得重要进展，人才培养体制、办学体制、管理体制、评价体制、保障体制改革全面深化，一些重点领域和环节取得突破性进展。考试招生制度改革进一步深化，现代教育督导体系进一步完善。

总体来看，《国家中长期教育改革和发展规划纲要（2010—2020 年）》确定的阶段性目标如期实现，教育事业发展"十三五"规划圆满收官，我国教育事业进入提高质量、优化结构、促进公平的新阶段。

集团化办学是中国教育体制改革的产物。有研究表明，集团化办学已经成为促进基础教育均衡发展的重要手段。高中学校的集团化转型在一定程度上实现了多种形式的资源共享和优化配置，成为各级各类学校发展的支撑。这正是集团化办学的意义与优势。早在 2015 年，集团化办学是北京市承担的国家职业教育体制改革试点项目，旨在尝试建立京津优质学校与河北薄弱学校结对帮扶机制，积极推进京津冀教育集团化办学。集团化办学的主旨是：将规范办学行为作为促进义务教育均衡发展的重要举措，出台减轻中小学课业负担、缓解城市择校问题等政策措施；推动各地政府按照区域内适龄儿童少年数量和学校分布情况，科学划定每所学校的服务范围；加快实行优质高中招生名额合理分配到区域内初中的办法，并逐步提高分配比例；扩大优质教育资源覆盖面，通过学区管理、联合办学、集团化办学、结对帮扶等多种有效方式，使区域内不同学校学生都能共享优质教育资源。

2019 年 8 月 18 日，《中共中央 国务院关于支持深圳建设中国特色社会主义先行示范区的意见》正式公布。两年来，深圳在实施"名校 + 在办校""龙头校 + 新办校"的集团化办学和联盟式发展模式方面突飞猛进。截至目前，已建成 28 个中小学教育集团，且正在兴办四个集团化的"高中园"，2022 年计划建成 18 所公办高中。在集团化办学的背景下如何保证教育的优质均衡，这是深圳中小学教育者所共同面对的重要现实命题。实际上，集团化办学对集团办学的管理者提出了新要求、新标准，管理者也需要新方法、新理论做支撑。

深圳高级中学（集团）经过六年的集团化办学实践，摸索出了从理论到实践的新方法、新路径，取得了一些管理方面的新经验、新成果，值得研究和总结，更值得同行研究和关注。

深圳高级中学（集团）建校于 1997 年，集团成立于 2016 年，下辖四个校区六大校园——中心校区（南）、中心校区（北）、南校区、北校区、东校区高中部、东校区小学初中部，覆盖小、初、高三个学段，跨越福田、龙华、坪山三个行政区，总占地面积为 25 万平方米，总建筑面积为 35 万平方米。目前集团在校学生人数超过 10 000 人，教职工人数超过 1 000 人；未来在校学生将超过 15 000 人，教职工人数达 1 200 人以上。

深圳高级中学（集团）初步构建起"全面布局、全景规划、全程深耕、全员精进"的"四全"发展路径以及基于"分布式决策"模式的四校协同生态：

中心校区（纯高中）——新变革发动机（"新高考"变革）；

南校区（纯初中）——新评价根据地（"素养指向""治理导向"）；

北校区（九年制）——新课程孵化器（"素养育成"课程）；

东校区（十二年）——新模式试验田（"十二年一贯育人新模式"）。

深圳高级中学（集团）探索在学校管理、教师发展、学生成长、质量提升等方面行之有效的策略，创新组织形式，发挥集团总校的品牌效应和示范引领作用，激发集团内办学活力，推进集团内资源共享、文化共建、特色融合、管理一体，建设互动共赢的学校发展共同体，让集团内的每个孩子都享受平等、优质的教育，让集团内的每位教师在互动中共同发展。集团通过优化配置实现"集团有品牌，校区有特色"的格局，通过集团内部资源的整合和共享使不同成员校之间的文化相互融合，实现"共享、共赢、共进"的最优化发展，不断提升高质量教育跨时空覆盖能力，在纵向上提供最优质的"十二年教育"，在横向上具备多地点、多方式、多个成员校同步发展的办学能力，建成国际一流的未来教育共同体，建设具有示范价值的新型教育集团，力争在全省乃至全国范围内起到先行示范的作用。

国内外学者对中小学教育集团办学的产生和发展现状、集团化模式、特点等方面有深入的研究，取得了丰富的研究成果。虽然国内外学者对中小学教育集团化有广泛的研究，但针对一个集团化办学的个案进行深入剖析的研究较少，此方面有待进一步研究。

本书是深圳高级中学（集团）对近年来集团化办学探索经验的梳理，主要致力于在教育大变局、大时代中思考重大命题，探讨焦点话题，解决现实问题。其中，解决现实问题是关键。深圳高级中学（集团）聚焦教育变革时代集团化学校治理机制的应变与创新，引入"生态思维"创新协同方式，探索集团"生态化"发展模式，并在此视角下侧重从四个角度进行专门化的主题设定：集团化办学优质均衡发展新路径及机制建设、未来教育集团生态化治理模式及场域建设、教育集团背景下创新拔尖人才衔接培养模式及课程建设、集团化办学背景下人才队伍建设路径及教师轮岗方案。

目录

第一章

从集团化办学到生态化办学

　　集团化办学是当前我国基础教育领域促进教育均衡、优质发展的重要路径。它可以加快建设标准统一、教师编制标准统一、生均公用经费基准定额统一、基本装备配置标准统一和"两免一补"政策城乡全覆盖，基本实现对区域校际资源的合理配置，并成为教育治理现代化的主要抓手。

　　近年来，集团化办学体现出以下几方面的优势：其一，在加强品牌宣传、提升品牌知名度和美誉度方面，集团化办学可以利用集团资源高举高打，形成合力。集团内的各所学校也犹如站在巨人的肩膀上，形成品牌，共同发力，开创多赢、共赢的局面。其二，在打造集团化办学特色方面，集团化办学可以为集团内各所学校提供各种资源，促进教师在共同的教学平台上交流和参加各种培训等。其三，在统筹支持方面，集团总部可以组织各所学校进行教学竞赛、课题研发、对口交流、资源共享等。这种联合的课程开发和教学评比活动也能更有效地跨学校激活教师资源、提炼教学成果、培养教师梯队等，可谓一举多得，而且远比单个学校能策动的资源更多、效果更好。其四，在管理方面，每所学校在办学过程中都会遇到困难，集团可以建立定期的、专题式的交流机制，到某所学校进行专项诊断，帮助该学校解决某一方面的困难。在过去的几年中，以"政府主导、名校引领和品质升级"为基本特征的集团化办学路径已经在许多城市落地实施，并在推动共享优质资源、促进优秀师资流动、拉动薄弱校全面进步等方面取得了显著的效果。

　　然而，随着国家推进义务教育均衡发展举措的逐步深入，集团化办学过程中开始出现一些极为复杂的工作局面，潜藏很多现实问题，尤其是教育集团属性的多样化所带来的决策主体矛盾、集团多校间的协作问题等。这给很多教育集团的发展带来难以调和的矛盾。教育管理要向前发展就需要一种新的方法论来适应和解决当前的各项问题。经过一段时间的探索和总结，一套生长在中国南部特区深圳的"生态化办学"理论从实践中应运而生。它以深圳高级中学（集团）[以下简称深高（集团）]六年的集团化办学探索为基础，用以"分布式决策"为基本模式的工作决策机制有效解决了教育集团在决策中面对的"泛而不精""广而不深""文化稀释"等问题。

本书将实践操作凝练为理论框架，总结出可操作的工作模式，以期引起更多集团化办学管理者的广泛研讨和协同实践。

第一节　集团化办学赋能粤港澳大湾区经济发展

深圳，作为粤港澳大湾区四大核心引擎城市（香港、澳门、广州、深圳）中最为年轻的城市，其经济发展可谓日新月异，对人才的要求也是水涨船高。高校作为人才输出的重要场所之一，承担着教育改革的重任。如何从教育管理的角度使学校适应时代的需求和变化，成为教育管理者的当务之急。

2022年，深圳这座城市仅公办高中学位就预计新增近6万个，而这个数字对这座全市常住人口平均年龄仅32.5岁的城市而言还远远不够，除增加学位外，调配有限的优质教育资源更加刻不容缓。以深高（集团）为代表的深圳四大高中名校正展现出一副积极进取的姿态，为粤港澳大湾区的人才储备起到了引领、探索和辐射带动的作用，而深高（集团）的集团化办学也发挥着引领作用，越做越优，越做越强。

随着粤港澳集团化办学理念的逐步深入，集团化办学实现了从理论到实践、从实践再到理论的创新发展、突破与升级。深高（集团）的集团化办学，成为教育改革赋能粤港澳大湾区经济发展的先行者，值得学习和研究。当前，集团化办学的方式方法很多，笔者在此不再一一赘述，只是围绕通过六年实践的"生态化办学"（即"集团化办学"的升级版）进行汇报。

深高（集团）是深圳的公立学校，与众多学校一样都面临着升学压力大、高质量学位紧缺、教师队伍急需培养、优势教师资源被稀释等问题。当然，它也有自己的特殊性，比如深高（集团）拥有从小学一年级到高中三年级、横跨

12年的小学、初中、高中全年龄段教育,其高三还开设国际班。该学校涉及面广。集团分校分散在福田、坪山、龙华多地,相互之间车行距离为一个半小时。空间上的距离感和有新建学校、兼并成熟学校等多种状态,使得管理者面对较为复杂的管理状况。如何使各个学校各美其美,又美美与共?如何让各大集团分校步调一致地前行?深高(集团)做出了系列性的全方位的探索与实践,从而让粤港澳大湾区集团化办学有了一个基于实践的行动参考和具有建设性意义的方法论。

第二节　集团化办学绕不开的三大问题

当前,公办学校集团的构成方式比较多样:有在当地教育行政部门的主导下,兼顾学校共同意愿,将一所名校和若干所学校组建成多个法人联盟式共生型集团;也有在名校品牌下新建分校区或兼并成熟学校构成的单一法人派生式紧密型集团;还有二者混合的综合型集团。当前的教育集团大多是对存量学校的强制性组合,通常是地方教育行政部门对城市中各区域的发展要求以及人民群众的现实需求进行权衡适配的结果;少部分是名校对增量学校进行文化引领。因此,当前的集团化办学中,校情差异、空间跨度以及平均式发展都会带来一些现实问题。

一、校情差异导致的集团高层决策准确性问题

在集团化办学规模扩大后,不同校区呈现出不同的阶段性发展特点。各学校在发展成熟度上的较大差异也导致集团层面很难对各校发布完全一致的政策、制度,尤其很难由集团对各校区内各领域的工作进行全面细微的了解、分析、规划并形成科学的决策。集团进行高度集中的决策,既可能产生决策不客观的问题,也可能出现缺少对决策有效约束的问题。在现在的集团化办学中,分校多数是兼并来的学校,其学校原本的办学机制、体制与总校相比都存在着较大的差异,同时也有各自不同的特色。从集团化办学的决策高度看,管理者既要考虑问题的复杂性,更要认识到同样的决策也许会带来完全不同的效果,而这是集团化办学遇到的一个最明显的问题。

二、空间跨度导致的内部协作时效性问题

多个校区在发展阶段上的差异和空间上的大跨度协作是很多教育集团所共同面临的现实。处于不同发展阶段的校区所面对的主要问题各不相同，再加上学校之间的空间距离过远，这势必提高集团内部师资等教学资源调度的复杂性，更影响校际信息传递的时效性。校际距离过远导致解决问题的时间成本增加，而信息传递的延误更会带来办学管理上更深的误区。因此，集团化办学需要完善合作机制，以解决跨区域、远距离等影响深度合作的问题。

三、平均式发展导致的集团优质资源稀缺性问题

为了保证各个分校都能获得相同的资源和发展模式的统一（平均式发展），集团的品牌校区或老校区往往不得不外派优秀的专家型教师、骨干型教师到新校区，通过模式统筹和现身说法等方式将成熟的工作路径传递到新校区。这样做的益处是发展路径比较直观，结果有保障；弊端在于一定程度上会稀释品牌校区或老校区的师资队伍，无法保障原有品牌学校的办学水平。如何解决优质资源稀缺性问题？这是集团化办学中最深层次的难题。

第三节　突破集团化办学的瓶颈

深高（集团）在六年的探索和实践中发现，实施集团化办学的核心意义在于建立科学、高效的管理体系。集团化办学并非一整套规则，也不是一种活动，而是一个过程；其过程的基础不是控制，而是协调；既涉及公共部门，也包括私营部门；不是一种正式的制度，而是持续的互动。

如何评定集团已经建立了科学、高效的管理体系呢？

首先，要看能否激发学校自主发展的活力，能否激发出学校发展的内驱力，能否优化完善学校的内部管理以及兼顾学校自身的利益需求。比如，构建的这个管理体系能否优化教育集团的内部治理结构，对集团的内部决策机制能否起到完善作用？通过管理体系做出的决策是否有利于学校？集团化办学最需要突破的是资源调度的瓶颈，这个管理体系能否有利于资源调度？集团校区之间的

空间大跨度不利于人员调度，生搬硬套的统一模式也很容易带来水土不服的问题，因此集团必须思考如何通过信息技术工具来跨越时空障碍。同时，集团要考虑在资源的需求与供给之间建立起客观、通畅的对话路径，避免出现在集团层面的想当然的资源调度行为，导致各成员校出现外在形式"同质化"而内部管理水平低的发展窘境。其次，要看这个体系能否推进学校的文化建设，是否有利于集团各成员校凝聚并保持共同价值观体系。最后，要看这个评定该体系能否促进学校的民主管理，是否有利于探索集团工作机制设计的内在逻辑。

经过六年的摸索和实践，深高（集团）认为集团化办学的关键之处是要建立起一个共生共长的协同机制，从而让各个学校与品牌学校同步成长，并在各自的学校体制内逐渐形成自己的办学特色与优势。各个学校要在品牌学校的影响和集团的协调下成长起来，但这种成长绝不能以品牌学校师资力量的稀释为代价。对所谓的优质教育资源，我们绝不能仅仅理解为独立的品牌校区或老校区的经验和声誉优势，还应该通盘考虑整个集团的全部资源，应该对新建校、加盟校拥有的教育资源加以盘点和分析。就资源内容而言，它也绝不仅仅是优秀师资，还应该包括各校区的空间文化、精神文化、制度文化和课程文化等资源。而集团化办学正需要全面理解和挖掘这些优质资源。

因此，一种可以全面解决集团化办学瓶颈问题的"生态化办学"概念应运而生。它是一种共同成长、相互激荡的生态办学环境，它能使集团化办学达到真正的统一与协同发展，它是深高（集团）通过六年实践摸索出来的产物，它是集团化办学的升级版。

第四节　生态化办学的双向追求

生态化办学是一种通过营造内部办学生态机制使体系中的各部分相互激荡、协同共生的办学方式，是一种处理复杂办学环境的管理方法论，是从集团化办学中总结升级出的一套方法论。从集团发展必须经历的四个阶段来看，生态化办学可以从追求效益到追求协作，再到追求资源和观念等方面共同推进和提升。

如果要寻找集团化办学与生态化办学在观念与本质上的差别的话，那么在集体意志的层面上，集团化办学与生态化办学并无差别，但就集体行动而言，集团化办学所有行为的发动机在集团中心，集团需要不停地下达指令，而生态化办学却可以形成纵横交错的有机体，更易发挥每个组织或个人的积极性。如果说集团化办学是以品牌学校为思想中心和决策中心的话，那么生态化办学则是多思想中心和多层决策体系的代表。生态化办学如同一树成林的大榕树，以品牌学校为中心的大榕树周边生长着多棵小榕树，每棵小榕树既自成体系，又与大榕树共同建立起一个多层次的森林生态圈。

生态化办学的使命在于进行集团化办学生态机制和环境的建设，让集团内的每个因子都能在自己适应的"生态位"上和谐发展、自由生长。好的集团生态建设可以营造整体、和谐的集团教育生态环境，使成员校和谐发展、共生共长，拥有科学、高效的体系，实现以优质资源带动集团高效、优质发展。作为集团化办学的升级版，生态化办学的最终目的就是促进区域内优质教育资源均衡、特色发展。

《礼记·乐记》说："穷高极远而测深厚。"只有站在极高、极远处，我们才能明白海的深邃和地的厚重。生态化办学是从整体宏观的极高、极远处总结出的一套方法论。从宏观上讲，生态化办学可以促进办学体系的多层次生态圈的和谐发展；从微观而言，生态化办学可以最终为每一名学生赋能。对学校而言，生态化办学可以让学校最大限度地重新定义品牌校区的资源价值。集团化办学势必将品牌校区（老校区）定义为"人力资源输出方"，从而导致其师资团队不断稀释。随着新建学校和加盟学校的数量越来越多，这种对品牌校区的资源稀释问题就会越来越严重，最终将品牌校区的资源透支得一干二净。而生态化办学则会把品牌校区（老校区）定义为"思想输出、文化输出、方法输出"的基地，通过"软件输出"带动成员校师资队伍、校园文化以及课程体系建设，而在"开发、创造、实施"层面上，更多地利用成员校自身的师资力量。生态化办学将在集团化办学的规模效应上实现教育资源的动态配置，通过内部机制的激活和优化实现优质教育资源的跨区域共享，从而促进办学效益的大幅度提升，最终营造生态化办学环境。

深高（集团）是一所向下扎根的学校。学校以社会主义核心价值观为品德之根，以人文情怀与科学精神为智慧之根，以学问深研为学业之根，建立牢固的办学根基。它也是一所向上伸展的学校。学校保持持续向上伸展的状态，不断丰富精神内涵，实现向上对标和育人导向的衔接，构建可持续发展的学习与生命共同体。学校关注学生的可持续发展与人生幸福，力图通过教育实践使学生拥有能够创新的思维方式、能够对抗挫折的精神以及对社会规律和自然规律的正确认知。正因为拥有和贯彻"为了未来"的共同信念，深高（集团）在生态化办学中实现了向上和向下的双向发展：向上，集团进行教育变革，明确各校区"面向未来"的使命及发展定位，联动创新，共同指向"面向未来"的发展目标；向下，集团探索全员育人导师制和全程研修制，引入教育融通模式，充分发挥生态化办学的效能。深高（集团）通过系统化的协同育人方案，深入落实"精英人才的早期发现、持续培养"任务，充分利用"十二年一贯制"的优势，从小学开始科学规划学习方案，制定拔尖人才培养体系，继续完善荣誉课程体系，优化师资力量，构建小、初、高无缝衔接的人才培养路径，实现精细、精准培养，面向"强基计划"培养创新型栋梁之才。协同育人方案就是生态化办学思维下的产物。

生态化办学聚焦集团化办学方法论系统的创变，是以创新形式力求实现教育公平的方法论。在生态思维被引入教育集团的治理体系后，生态化办学就可以基于生态思维来优化分校决策与集团决策之间的协同机制。在集团化运行过程中，教育集团将生态学的观点和原则运用到学校的教育管理中，确保学校与其所处的内外部环境之间保持和谐发展状态，使学校、政府、社会、市场等达到最优化发展状态。集团化办学的终极目标是使核心育人观念有效落实，从当下的时代语境来看，就是社会主义核心价值观在集团化办学工作中的具体化、实践化。生态化办学引入"生态思维"创新协同方式，探索集团生态化发展模式，构建教育集团的生态化协同框架；基于"生态化建设"方法论，研究集团化办学的"整体关联性"和"动态平衡性"，探索建设"面向未来"的共同体治理之路。

第二章

生态化办学的框架构建

在我国教育改革走向"深水区"和"攻坚段"后，优质均衡发展已经成为未来我国中小学教育的发展方向，集团化办学也已成为扩大区域教育资源、促进区域义务教育高位优质均衡发展的重要举措。而将生态思维引入教育集团治理，通过进一步规范集团化办学的"生态化"发展与治理模式，是校长治理决策的新方法论。换言之，即通过一种组织形式创新、完善集团内部决策机制，健全保障集团化办学运行的理事会制度、章程管理制度，提升集团办学治理能力和水平，促进集团化办学的发展目标和发展类型更加多元化、可持续发展，更好地助推教育均衡化发展。

第一节　教育生态网的构成

弗里曼提出的"利益相关者理论"认为：组织应为各利益相关者共同所有，组织治理的主体并不局限于某些显性的决策者身份，而应该包括所有的利益相关者。由此，深高（集团）认为：中小学教育集团在根本上是一种利益共同体，其中每位参与者都应该有责任为集团的发展贡献智慧。同时，学校（公办教育集团）是一个社会的组织系统。它也是一个自组织系统，同其他生物系统一样要历经发展过程，达到一种生态平衡状态，并以系统论的观点对其自身的系统进行分析，将"管办评"与生态化发展模式相结合，促进组织的发展。

在生态系统中，所谓生态环境（ecological environment）是指各种生态因子综合起来影响某种生物包括人类个体、种群或某个群落的环境。同样，在学校这个教育生态系统中也存在个体、群体（教师群体和学生群体）和群落。布朗芬布伦纳将不同层次、不同性质的环境相互交织在一起构成的一个既具有中心又向四处扩散的网络称为生态环境。学校的生态环境就是指学校的各组成部分（要素）之间的稳定联系。

深高（集团）在集团化办学过程中引入生态理念，通过生态隐喻，将集团化办学与生态系统中的生物、环境之间做同构映射。

在生态学意义上，一个完整的生态系统通常由四个基本要素构成，即生产者、消费者、分解者以及非生物环境。在这四个要素中，非生物环境和生产者被认为是生态系统的物质基础，为生态系统提供物质和能量；消费者是物质和能量的使用者；分解者则承担着重要的物质循环功能。

教育集团的生态化治理，应从构成要素上进行类比思考：集团成员校、集团工作协同沟通体系以及在协同沟通中承载和传递的知识与信息是教育集团生态系统的非生物环境。教育集团运行的知识与信息的提供者是这个系统的生产者，包括集团各校区、各部门、教师、学生、家长等。它们为教育集团生态系统提供物质与能量。在教育集团中开展管理、教学和学习活动的人是这个系统的消费者，对工作系统中的知识与信息进行审视、判断、保障、维护的人员是这个系统的分解者，他们使相关的知识与信息得到再循环。（见图1）在学校的实际办学中，正是有了知识与信息的生产者、分解者和消费者，才会有教育生态网，教育生态网正是生态化办学框架构建的事实基础。

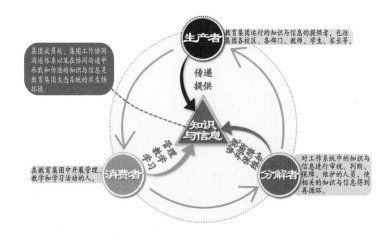

图 1　教育集团生态系统

第二节 生态网络协同机制的建立

教育生态网是一个客观存在，尤其对于集团化办学或生态化办学来说。但有了教育生态网并不意味着就构建起了生态化办学的框架，关键要在教育生态网的基础上建立起生态网络协同机制。

如何建立起生态网络协同机制？首先需要将生态思维引入教育集团治理之中。这主要集中于两个方面的实践研究：一是基于生态思维优化分校决策与集团决策之间的协同机制，即集团化运行过程中，与学校发展相关的重要信息（包含行政、科研、经验、协同等）在分校内部以及集团内部的产生、流动、反馈，希望通过生态思维提高信息传递的有效性；二是通过生态化发展模式优化教育资源配置，减少浪费与虚耗，集中力量解决问题或培育人和团队，提高教育资源的投入产出效率，即以有限的资源培养更多的人才。

深高（集团）在实行生态化办学期间，首先建立分布式领导组织。分布式领导组织由中心校区校长担任理事长，集团其他校长担任副理事长，以正式领导为纽带，采取集体领导的形式有效统筹运作，从组织的各个层面挖掘优秀人才，根据任务特点和成员的不同能力，让领导角色在成员间动态转换，从而充分发挥每一个组织成员的技能和才干，让组织更加灵活高效。深高（集团）通过制度建设，不断优化教育集团的内部治理结构，完善集团内部决策机制，提升集团办学治理能力和水平，促进生态化办学的发展目标和多元化可持续发展，从而更好地助推教育均衡发展。笔者提出"升维思考、降维设计"的基本理念（即升维到价值层面进行深层思考规划，降维到具体的方法层面进行设计与指导），构建教育集团的治理结构，尝试建设全新运行机制，重构集团和学校内部各组织之间的协同关系，探索教代会、咨询委员会、学术委员会相结合的全新工作机制，充分发挥各组织要素在学校各项工作中的积极意义。而这正是生态化办学过程中校长每天的必修课。

其次，要结合学校的实际情况，在集团统一章程下制定三年发展规划、年度工作计划、课程教学改革实施方案以及考核、培训、交流、教研活动等一系列规章制度，使集团各成员学校在统一制定的章程下，认真遵守集团内各项工作制度，严格日常管理，扎实开展各项活动，努力推进集团生态化办学。

最后，要长效运行生态管理体系，让集团中心校区与成员校区通过集团优势在短时间内实现同频共振，从而实现新校的跨越式发展。同时，要不断磨合集团成员校的合作交流机制，做到集团员工心里明确集团定位、校区之间明确授权分工，通过统一协同机制实现集团内部的自我评估机制、基础教育集团的考核和评价机制同步完善，以此推动教育集团的改革和可持续发展。

为了实现既有教育资源的多次整合和优化配置，集团化办学以一个核心校为中心，通过联合或共建的形式，将多个学校以契约或产权的形式组合在一起，形成一个联合体。教育集团里的成员既可以具有较强的独立性，也可以具有较弱的独立性，但都拥有一个统一的管理组织和管理模式。建立生态网络协同机制，就是将生态学的观点和原则运用到学校日常教育管理中，探索集团化办学合理、高效、统一的运作模式，促使集团内各校形成相对稳定的合作领域和工作程序，达到成员校教师教学水平和教育质量的整体提升，促进成员校的办学经验、品牌效应等无形资产社会效益的最大化、最优化，推动区域教育的均衡化发展，产生"1+1>2"的良好效应，确保学校与其所处的内外部环境之间处于和谐发展状态，使学校、政府、社会、市场等达到最优化发展状态。好的协同决策机制有助于建立一套帮助集团决策者应对复杂的公共教育服务工作的完整方法论，从而帮助集团工作方式能够抵达更好的价值判断、路径设计与方法策略，让各成员学校的教育工作在正确轨道上高效运行。

近年来，党中央、国务院下发了关于全面提升基层治理能力的相关指导文件，对教育治理的优化升级形成了方向性的引领。深高（集团）主动跟上社会治理变革的发展节奏，积极探索基于治理思维的办学育人模式，尝试拓展与同行、社会、家庭全面联动、协同育人的新路径、新平台、新载体、新内容，构建深高（集团）的"协同育人生态圈"。

"协同育人生态圈"的关键是"协同"，而只有在"生态圈"内才可以很好地协同。深高（集团）深刻领会国家对基础学科人才的高度重视，大力探索科普教育、科学思维教育的全新路径和有效方式，继续加强学校学生科学院和多校区科技实验室的建设，与高校和科研院所合作建设一批高端校园实验室、虚拟实验室、联动实验室等，选拔一批有兴趣、有特长、有潜质的学生进入各类实验室进行培养，通过配备专业教师、学者导师引导学生完成项目的选题、计划设计和研究，培养学生的创新思维和研究能力，扎实地点对点地开展创新人才、科学精英人才的培养。

第三节　"管办评"生态体系的落实

如果说生态网络协同机制提出"建立生态网络协同机制，就是将生态学的观点和原则运用到学校的教育管理中"，那么"管办评"生态体系就是生态网络协同机制的具体实践。（见图2）

图2　"管办评"生态体系

一、"管"——构建生态链

生态学中的生态链是指在一个生态群落中，众多的生物和非生物成分通过能量与物质循环，通过不同层次的生产者、消费者和分解者的协同，形成环环相扣的链条式依存关系。[①]教育生态链指的是教育生产者（集团各校区、各部门、教师、学生、家长等）传递、提供知识与信息给教育消费者（在教育集团中开展管理、教学和学习活动的人），而教育分解者（对工作系统中的知识和信息进行审视、判断、保障、维护的人员）则对教育消费者所获取的知识与信息进行审视、判断、保障与维护，三者使相关的知识与信息得到再循环，形成教育生态链。教育生产者是教育生态链的基石。没有教育的生产，便没有知识与信息，

①娄策群，周承聪. 信息生态链：概念、本质和类型 [J]. 图书情报工作，2007（9）：29.

更谈不上教育的消费与分解。而教育生产者中最关键的就是集团各校区。对集团各校区的治理关乎整个教育生态链。

教育治理理论表明：治理是一种动态制衡的过程，而治理结构强调的是组织内部权力制衡关系。所谓学校治理结构，就是通过工作联动机制的结构化设计使学校组织成员之间能够形成相互支持与制约的平衡，依赖一定的规章制度或模式来调度不同参与方的联合协作，让各方以平等的、合伙人式的关系来协同、处理工作，从而实现学校组织各利益主体权力、责任和利益的规范化、稳定化、高效化。因此，深高（集团）在学校治理结构设计中高度强调各利益相关方共同参与学校管理，基于集团各成员校的优势能力、突出资源进行分工协同设计，对参与各方的权力进行合理配置，提出"从中心式集团到分布式集团"的集团化办学模式以及基于民主意识与契约精神构建的协商性共生合作的双向"治事理人"机制，通过完善分布式决策制度细分工作权力，提升工作效率。

"分布式领导"概念最早由心理学家塞西尔·吉布于1954年提出，到20世纪末这一概念被各国学者广泛认同为知识型组织管理决策的重要发展理论。学者们明确指出了"分布式领导"概念对知识型组织的重要作用。李洁芳提出，应在知识型团队中实施分布式领导决策模式，通过让领导角色根据任务情境的变化和团队成员的个人特长而动态更替，来激发组织成员参与领导的愿望，发挥个人的专长，提高组织决策的正确性，促进组织的知识创新，从而保持组织的竞争优势。[①]

在教育治理思维和分布式领导理论的导向下，深高（集团）尝试以分布式决策管理模式替代中心化决策管理模式。在深高（集团）分布式决策体系中，集团对共同价值进行引领，但只对核心价值、资源调配、重大事务进行决策介入；其他事情都由学校决策团队自己决定，每个成员校都是自己工作的实际决策主体。同时，每个成员校都在集团中充当拥有各自突出特长的专门化角色，集团以此为依据开展资源调度。集团为支持每个成员校的独立决策建立了支持性的组织模式和规章制度。集团管理的核心在于构建成员校之间的关系，构建有效的协作关系。

---

① 李洁芳. 分布式领导概念内涵、角色关系辨析与未来研究展望 [J]. 外国经济与管理，2008（8）：45-52.

深高（集团）制定了"分布式决策"集团化治理行动方案，提出了集团化办学分布式联动的行动路径。

集团定位　探索学校管理的新发展路径、创新决策机制与组织样态，在发挥集团总校品牌效应和示范引领作用的同时，激发集团内学校的办学活力，建设资源共享、文化共建、优势互融、协同治理的生态化教育共同体。

授权分工　深高（集团）四大成员校区秉持"团结协作、敢于成功"的精神，发挥自身的优势和主观能动性，在人才培养的历程中承担自己的使命，不断拓展学校新局面，形成"各美其美、美美与共"的集团发展格局。

行动赋能　基于以上对四大校区的集团内部定位，深高（集团）分布式地将集团发展的"育人模式变革、评价改革、课程改革、学制改革"等创新实践使命授权给不同校区。各校区基于自己的实际工作与创新资源在各自领域进行大胆尝试与独立判断，形成可推广的成果后再让各校区探讨和分享，从而实现各校区既各具特色又联动互助、既发展自己又相互带动的良好局面。

二、"办"——夯实生态位

生态位是生态学中的一个核心概念，通常是指在生态系统及其群落中，一个物种与其他物种相关联的特定的时间位置、空间位置和功能地位。它既表示物种生存空间的特征，也包括置身其中的物种的概貌，如物种可利用的资源条件、活动的时间和空间以及与其他物种的关系等。如果物种形成并拥有适合自身生存和发展的生态位，那么就可以确保生物群落和生物圈的有序和稳定。

教育生态位由教育资源分布状况、行业竞争状况、人口和劳动力状况、学校自身实力状况对学校内部生态系统的作用共同决定。深高（集团）包含四个校区，各校区基于各自生态位发挥其优势，为集团发展注入活力。

（一）中心校区

办学性质　深圳市教育局直属的四大高中名校之一，地处深圳市核心区，经过多年发展已经成为深圳高中教育界的一个重要品牌。科技、艺术、体育、安全等特色教育项目独树一帜。GLOBE 教育体系、国际课程体系、荣誉课程体系等享誉全国，在集团发展过程中起到学术引领的龙头作用。

发展目标　建设具有全球视野和全人立场的学术化发展的高中，成为素养育人时代的"未来型"新高中范本。在以"新高考"为标志的教育新时期，中心校区应继续坚持放眼全球的视野、完整育人的立场，加强师生学术化研究的实践。在素养育人时代，中心校区面向培养"未来人"的教育追求，持续行走在教育创新发展的最前沿，不断尝试建立新时代新高中发展的优质范本。

集团合作定位 面向新高考、新课标时代，担当集团内的新变革发动机。在新高考评价体系建设的变革期，中心校区应充分发挥高考研究的导向作用，引领集团育人路径的时代性、创新性，成为集团教育变革的发动机，通过课程科研以及教师培训驱动小学、初中各学段的系统变革。

中心校区率先以落实"立德树人"、践行"五育并举"为宗旨，围绕"课堂变革""课程变革""学科项目化开展与实施""跨学科课程开发与实践"等探索全人培养的创新路径和模式。

以课程创品牌，以教研促发展。学校开发 GLOBE 教育项目，全面构建教育教学的全场景育人模式，以 GLOBE 教学法搭建教育与教学的桥梁，形成师生主动学习创新的大环境。在教师发展方面，学校进一步增强一线教师的科研意识、质量意识、"五育并举"意识，促进"五育并举"跨学科跨场景教学的创新尝试；在学生发展方面，学校立足于培养具有未来眼光，能理解、融入、担当未来的卓越人才，打开了人才培养的全新视野；在学校发展方面，学校基于学生发展核心素养和学科素养，将社会主义核心价值观教育落实到学校的教育教学实践活动中，形成了具有深高（集团）特色的课程品牌，提高了名校的公信力和影响力。

以名校搭平台，以名师做引领。深高（集团）作为深圳四大高中名校之一，是十二年一贯制集团化办学的实验学校，有独特的办学生态。学校以 GLOBE 教育项目为抓手，探索统整育人的创新模式，以"研教培"一体化的项目开发和培训理念，以名师工作室为学术平台，以课程开发为抓手，以课堂教学为实践场景，形成了系统化的理论和实践成果，在全市、全省乃至全国都产生了广泛的影响。

（二）南校区

办学性质 集团下属初中学校，其地理位置临近中心校区。南校区高度重视教育品质建设，拥有打通育人全链的大视野，在学生综合素质评价的创新变革方面进行了高质量的探索。在课程方面，南校区搭建了特色鲜明、内容丰富的互动课程平台，已经拥有"高质量初中教育样板"的域内口碑。

发展目标　打造具有全链视角、评价驱动、精致化发展的精品初中，力求成为新时代初中优质教育的典范。

集团合作定位　面对教育评价方式的重大变革，担当集团内部的新评价根据地的角色，继续积极进行小初衔接、初高衔接的探索与实践，以"新评价体系"建设为抓手，基于《深化新时代教育评价改革总体方案》以及"素养导向"与"治理导向"，探索符合时代要求的初中教育评价机制，回答育人模式变革的时代命题，探索初中教育新立场，成为集团"评价变革"的创新实践根据地。

（三）北校区

办学性质　集团下属九年制新学校，位于龙华区。北校区自建校以来，充分激发教师群体的课程创造力，构建了丰富多彩的高品质课程体系，设计开发了多样态的课程、活动、讲座、游戏等，创新发展了面向学生个性化成长的育人体系。很多课程成果已经拥有深圳一流口碑，很好地表现出深高（集团）办学的深厚功底。学校已经成为龙华区最受关注的一所九年制品牌学校。

发展目标　未来应在素养导向、以学习者为中心的教育新时期，继续推进学习方式变革、学习工具应用，构建素养导向、方式多元、未来化发展的九年一贯制学校，为深圳九年育人模式提供完整的创新发展方案。

集团合作定位　面向学习方式变革、工具变革的时代，担当集团内部新课程孵化器的角色。在新工具带来的新学习时代，北校区应充分发挥课程创新建设方面的显著优势，为集团成员校提供课程建设的科研、成果、资源等深度支持，成为集团内部新课程孵化器。

（四）东校区

办学性质　集团下属十二年完整建制校区，位于坪山区，是深圳罕见的在同一校区完整提供小学、初中和高中十二年教育的学校。自2016年首次招生后，东校区迅速成长为坪山区备受瞩目的品牌学校。基于全学段打通的优势，东校区正在成为十二年一贯制教育方案的探索者和实践者。同时，由于紧邻深圳技术大学，东校区还在探索高等教育与基础教育联动的创新发展路径。

发展目标　打造资源打通、机制创新、品质化发展的十二年一贯制学校，成为适合深圳发展的十二年一贯制办学方案探索者。

集团合作定位 面向素养导向的"长线育人"逻辑,立足全学段打通的优势,成为集团发展的"十二年一贯制新模式"试验田。

三、"评"——关注生态限制因子

生态因子是生态体系中可持续发展的制约性因素,在自然界中可能是气候、阳光、能量、生物等,在社会运行中可能是共同信念、核心制度、关键能力、重要信息等。教育生态因子是指教育生态环境中对教育的存在、发展有直接或间接影响的环境要素。例如:社会环境中的家庭教育、校外实践等,规范环境中的文化、伦理、道德、科技、习俗、艺术等,教育者与教育对象的生理和心理环境因素。

在教育生态系统中,各种教育生态因子之间存在着整体关联。某一教育生态因子的变化会引起其他教育生态因子的变化及反应,起到"牵一发而动全身"的作用。各教育生态因子之间时刻进行着信息、能量、物质的传递与交换,构成了相互影响、相互制约、相互依存的关系。[①]

教育生态因子中限制教育存在和发展的关键因子就是生态限制因子。例如:对一个学校教育生态系统来说,如果学校招生困难,那么学生的数量会成为该学校教育生态系统存在和发展的限制因子;如果学校学生数量多而教师数量不足,那么教师数量会成为该学校教育生态系统的限制因子。

生态化建设评价应该首先关注教育生态中的限制因子。从集团化办学的角度看,师资、招生、决策效能、校园建设都是重要的限制因子;从教学质量的角度看,教师教学能力、学生学习能力、家庭协同能力、社会资源应用效率等都是限制因子;从学生个人成长角度看,学习动机、元认知能力、自我管理能力、合作能力、家庭关系等都是限制因子。深高(集团)基于限制因子设计并实施评价的工作尚在探索推进中,当前的主要进展是基于学生学习生态初步建立了围绕学习者展开的综合素质评价体系。

[①]王凤产.试探教育生态规律 [J].河南师范大学学报(哲学社会科学版),2011,38(4):249-251.

第四节　分布式决策分工的探索

在教育治理思维和分布式领导理论的指引下，经过"中心式集团"向"分布式集团"变革的多年实践探索，深高（集团）设计出了生态化办学框架的理论基础，即"分布式决策分工"。"分布式决策分工"以垂直管理为主线，以扁平化管理为辅线，纵横构成集团化办学的网状体系。一方面，总校在行政方面进行纵向管理；另一方面，各校区由集团行政副校长负责独立运行。这样既发挥垂直管理的高效优势，又发挥扁平管理的民主优势。

集团基于对各校区资源情况的分析，重构校区之间的协作关系，构建起集团决策层与成员校决策层之间互动协作的立体决策网。这样既体现了管理上的各岗位立体式、全方位对接，又能优化管理人员的素质与配置，实现了学校治理中的实效与高效。

具体来说，在深高（集团）的分布式决策体系中，集团对共同价值进行引领，但只对核心价值、资源调配、重大事务进行决策介入，其他事情都由学校决策团队自己决定，每个成员校都是自己工作的实际决策主体。同时，每个成员校都在集团中充当拥有各自突出特长的专门化角色，集团以此为依据开展资源调度。集团为支持每个成员校的独立决策建立支持性的组织模式和规章制度。集团的管理核心在于构建各成员校之间有效的协作关系。

各成员校分别对集团某些工作板块的决策负责。集团将不同成员校分别打造为集团课程建设基地、科研建设基地、美育基地等，由对应责任校对集团相关板块的工作提出完整决策方案，集团对最终决策拥有建议权和一票否决权。集团基于分布式决策对集团资源进行统筹，有意识地对肩负某些工作板块责任的学校进行资源倾斜，并向承担相关决策责任的学校提供资源优化机会。

分布式决策要求正确定位"总校—分校"关系，既要坚持总校对各分校的统筹引领作用，又要保护各分校办学的相对独立边界，充分发挥各分校的办学自主性。要处理好"分校—分校"关系，实现纵向衔接和横向链接，搭建资源有序流动的系统，要共创、共建、共赢、共享，真正形成"各美其美、美美与共"的集团发展格局。

第五节　生态化办学的操作标准

上一节"分布式决策分工的探索"是生态化办学框架的理论设计，即就理论层面而言，"分布式决策分工"体系解决了"中心式集团"向"分布式集团"变革的探索问题。但集团如果要想坚决贯彻执行分布式决策分工，那么还需要制定标准和规划行动。"四全治理"的行动规划就是深高（集团）生态化办学实践的操作标准。笔者提出的"各美其美、美美与共"的集团发展格局，就是为了对集团化办学的推进进行个别化的深入探索，因此深高（集团）制定了分布式协同的"四全治理"行动规划。

一、校际分工全面布局

在决策机制上，根据各成员校的优势和特色，集团制定了操作性强、目的明确、可持续发展的协同决策战略，健全各成员校及各部门的协作机制，调配多方资源，进行整体布局。

二、校内发展全景设计

基于各成员校的校园学习场景、文化氛围，集团对各成员校的资源发展方向进行规划，强调学校办学与育人场域、实时政策及社会资源等方面的联动，对集团资源进行精细梳理、立体整合，帮助各成员校建设完整而有特色的育人场景，充分发挥学校优势，完善育人路径。

三、集团联动全程深耕

集团对基于十二年时间的教育工作进行全程规划，确保育人实践贯穿小学到高中。同时，以十二年一贯制的完整育人思维来进行集团育人生态建构，为集团各成员校的协同关系建立完整育人的内在逻辑。

四、行动过程全员精进

在育人主体的广泛性、复杂性上，集团与教师、家长、社会组织等主体共同树立育人责任感，相互配合，加强交流和沟通，形成有效的育人合力。同时，教师主动变革教学方式，形成新课堂教学模式，与学生群体相结合，激发学生的自主成长意识，真正实现全员谋发展，建立示范性的育人生态场。

第三章

生态化办学的教育理念

生态化办学是教育办学的方法和工具，因此在使用前需要明确教育目标和方向，即生态化办学的教育理念。生态化办学的教育目标与我国教育的培养目标本质上一致，即培养德智体美劳全面发展的社会主义建设者和接班人，但又有其独特的具体而微的教育理念。生态化办学从一开始就是为教育生态网而生，为学生赋能而生的。因此，生态化办学的教育理念以生为本，进行全方位教育，实现全员育人，创造有品位的教育。

第一节　以生为本的全方位教育

什么是以生为本？就是要确保把每一个孩子都培养成德智体美劳全面发展的社会主义建设者和接班人。高中毕业与否、成人与否、考取大学与否都必须服从于这个总目标。首先，一名学习成绩优异的高中毕业生，其三观必须符合目标要求。如果教育教学工作长期忽视这个目标，广大教师的灵魂深处没有紧绷这根育人的主弦的话，那么学校的教育工作就会出现问题。学校所培养的高材生一定要学业成绩优异，同时三观正确，社会主义核心价值观立场坚定，充满正能量和主旋律。学校仅仅追求学生优异的学业成绩，而忽视对学生进行正确的价值观教育，那么这个学校的教育就是失败的教育。

因此，生态化办学所遵循的以生为本的全方位教育不以成绩论英雄，不唯成绩论，致力于塑造人格，启迪智慧，助力未来。

一、塑造人格

教育首先回答培养什么样的人的问题，而只有以生为本而不是以高考为本，才能回答好这个问题。以生为本的核心是立德树人，德育为先。只有德育工作做好了、做正确了，学生的品德修养到位了，好的人格才能塑造起来，才算是真正为学生好。好的德育能为智育提供强有力的精神支撑和心灵慰藉。相反，学校一味地强调智育，或者只看重考试分数和成绩排名，就会陷入急功近利、智育至上的误区，消解智育持续发展的动力。

"培养什么样的人"对学生而言其实就是明确"为谁而学"的问题。一段时间以来，个别师生的价值观出现混乱。有教师甚至公开在课堂上喊出"读书就是为了将来赚大钱、娶美女"这样的价值口号。虽然教育不应该强求统一人们的价值追求，但是教师如此堂而皇之地宣扬"书中自有黄金屋，书中自有颜如玉"等封建糟粕显然属价值误导。教育不可能完全杜绝"为己之学"，但绝不能大张旗鼓地鼓吹"为己之学"。很多教师和成人一再告诫学生："你不是为别人学，而是为自己学。"这话听上去也不算错，但经不起推敲，原因是格局不大、格调不高。再说，这样的价值定位也不符合国家教育方针和我国社会主义教育的本质要求。中国的教育不同于西方资本主义教育和自由主义教育。"为己之学"必须服务且服从于国家意志。习近平总书记在全国教育大会上指出："我国是中国共产党领导的社会主义国家，这就决定了教育必须把培养社会主义建设者和接班人作为根本任务，培养一代又一代拥护中国共产党领导和我国社会主义制度、立志为中国特色社会主义奋斗的有用人才。"脱离了这个前提，笼统地谈为自己学就很成问题了。

一切为教学让路、忽视德育的做法，其根子是在思想认识上没有理顺德育与智育的关系，草率地将两者对立起来。其实，只要沉下心来想，那么不难发现两者并不矛盾。很多时候，教育者容易犯急于求成、智育至上的错误，从而将教书与育人割裂开来，甚至对立起来。这种现象不仅过去有、现在有，将来也一定会有。只管把课上好、只管成绩排名的教师算不上好教师。不论是历史上还是当代，但凡称得上教育家的教师，都是书教得好，人也育得好。事实上，单纯一门心思只抓文化课考试成绩这样的做法是走不远的，是难以为继的，是不可持续的。用哲学原理"作用力与反作用力"来分析的话，好的德育对智育一定有正向推动作用，好的智育对德育也一定会有良性的反作用力，两者相辅相成、互相促进、共同发力，促成学生人格与心智的全面发展，这才是成就教育家型教师的必由之路。

这样反复强调就是为了纠正教师一切围绕教学转、一切为考试让路的错误。细心的教育工作者一定能觉察到这样一个现象：只要提起考务，学校一定将其视为重中之重，绝不允许出半点差错；但提到学生工作，学校就未必有高标准、严要求了。这样的做法是错误的，颠倒了教育的基本规律。深高（集团）确信：就学生个体而言，在任何时候，育人问题都是首要的，育人问题没解决好，智育迟早要被拖下水；就学校而言，只要德育工作没抓好，那就是教育失职。

学校工作是全方位、系统性的。学校要致力于德智体美劳全面和谐发展，绝不能只重视教学，绝不能以"只要智育好，那么一切都好"为判断是非的唯一标准，绝不能将智育凌驾于一切之上。只要学习成绩好，其他一切都不重要，即使是行为习惯、个人品行差也没关系；学习好就可以"一俊遮百丑"，资源、荣誉、好处通通向智育集中，学校一切工作一律给智育让路……这样的思想、行为需要得到纠偏和重新审视。

学校在理清德育与智育的关系后，接下来理清德智体美劳五育之间的关系就容易多了。在教务管理方面，人为地区分考试科目与非考试科目这样的做法是不妥的，这样的做法凸显了考试科目的重要性，同时降低了其他学科的地位。这样的做法不仅不公平，而且大大降低了其他学科实施德育和促进智育的功效。体美劳这些学科恰恰是实施德育、辅助智育的好学科。深高（集团）严格执行国家规定的课程课时标准，开足、开好所有学科，对所有学科一视同仁，平等对待所有教师。

习近平总书记在全国教育大会上提出，教育要在坚定理想信念上下功夫，要在厚植爱国主义情怀上下功夫，要在加强品德修养上下功夫，要在增长知识见识上下功夫，要在培养奋斗精神上下功夫，要在增强综合素质上下功夫。"六个下功夫"的实质就是明确五育缺一不可，没有轻重缓急之别，都很重要，都要及时抓，都要下功夫抓。

我国教育方针规定培养德智体美劳全面发展的社会主义建设者和接班人。培养什么样的人，决定了塑造什么样的人格，那么深高（集团）应该塑造什么样的人格？一句话，深高（集团）所要塑造的学生的人格就是："大写的我！"深高（集团）走出去的学子无论走到哪里，无论从事什么职业，都要以"大我"

呈现自己的人格,以"大我"展示自己的风采。如果要从文化源头寻找的话,那么"大写的我"有点类似备受儒家推崇的君子人格(为人大气、处事大度,同时有君子风范,谦虚、谦卑、谦恭,执礼仪、守诚信)。以现代观念来表达就是:深高(集团)学子的人格是胸怀天下、心系祖国、自律博爱、德才兼备。

历史上圣贤们留下的精神遗产把"大写的我"集中于君子人格。孟子说:"故天将降大任于是人也,必先苦其心志,劳其筋骨,饿其体肤,空乏其身,行拂乱其所为,所以动心忍性,曾益其所不能。"司马迁究天人之际,通古今之变,成一家之言,著就《史记》这部不朽之作。范仲淹以"先天下之忧而忧,后天下之乐而乐""居庙堂之高则忧其民,处江湖之远则忧其君"情系民众。张载以"为天地立心,为生民立命,为往圣继绝学,为万世开太平"作为神圣使命。冯友兰先生的"人生四境界"说和王国维先生的"治学三境界"说讲的是同一个道理。境界决定人格,人格决定事业的成败和高度。

传统君子为人处世从大处着想,"小我"服从于"大我"。"修身、齐家、治国、平天下",教导文人学士要有家国情怀和心怀天下的胸襟,做人格局要宽大,观世心胸要开阔。同时,君子严于律己,重自我修行,以德服人。己所不欲,勿施于人;勿以恶小而为之,不以善小而不为;知行合一;致良知……文化宝库中这样的内容十分丰富。

在实践层面,我们发现,要想塑造学生的"大我"人格,除宣讲、研讨、阅读外,导师以自身的德行为示范来引导学生才是最有效的路径。深高(集团)强调教师要不断学习,要带着问题研修、研习,目的就是帮助他们找到贴近学生心灵的办法,让教师近距离对学生产生人格的正面影响。显然,一个不爱读书的教师说服学生阅读的效果就不如一个酷爱读书的教师,一位只以"两考"和名校做诱饵来刺激学生的教师也算不上名师,顶多算是教书匠。同样的道理,如果教师的人品与德行很一般,那么他就无法感化学生,无法提升学生的道德觉悟。所以,要求师者德才兼备,强调师德的重要性,目的就在这里。三观好的教师才能培养出三观好的学生。

二、启迪智慧

以学生为本,当然要以学生的学业为重,其他素质的培养都要围绕这个中心展开。智育当然是学生的主业,是学校一切工作的重心所在。学生在校学习生活的主要任务还是学好各门功课，打下坚实的科学与文化知识基础，掌握基本的生活技能。知识基础和生活技能两者缺一不可。学校本身绝不回避为"升学、读名校"这个现实和功利的目的，但绝不能使德育与智育相冲突、应试升学与全面发展相矛盾，要对"应试升学一头沉"现象纠偏。同时，要切实抓好非考试科目和素质科目教学，既要持久地下功夫抓好考试科目的日常教学，抓考试成绩，抓中考、高考升学率，又要毫不放松对其他课程的日常教学要求。

智育旨在启迪学生智慧，而不是教学生小聪明；既要经受考试检验、接受选拔竞争，也要教学生真才实学，教他们终身发展的真本事。学习科学重在培养科学素养，而不在于单一的知识识记。科学精神、思想、方法、知识四位一体、缺一不可。学习文化重在提升人文气质，涵养精神文明。学习艺术要做到品位与技能兼修、涵养与鉴赏并举。学校要把课堂教学与课余活动、集体学习与自主学习、教师传授与学生自学统一起来，把满足中考、高考这些眼前的实际需求与进入大学及今后的工作生活等长远的需求统一起来，把科学与人文、艺术与体育统一起来，建立完善的心智结构和素养体系，形成博大、丰富、多元、有效的智育图景。

为此，深高（集团）面向全体高一学生统一开设科学世界观与人文艺术通识讲座（年级大课共4次，计2学分，以书面文字报告进行评价、考核）。在科学素养方面，结合科普进校园、科技节，开展形式多样的科普教育，侧重对学生好奇心、想象力、冒险精神、质疑与批判性思维、动手与实验能力等方面的启迪和拓展。在人文素养方面，推行阅读、思考、写作三位一体教学模式，大幅度提升全体学生的人文素养和人文知识功底。艺术体育教育以活动教学和体育节艺术节为平台。学校除为专业团队及天资好的同学提供展演机会外，还切实抓好音体美常规教学，使音体美教学惠及全体学生，普及基本的艺术体育教育，帮他们在学生时期就建立起对艺术和体育的基本感悟，使其受益终身。但同时需要指出的是，深高（集团）一定要纠正长期以来没有解决的问题，即只注重让专业团队参赛为学校获奖、争荣誉，而忽视面向全体学生的音体美普及教育。总之，博大多元的智育图景有机地将其他学科纳入智育范畴，使其为智育服务，构成智育命运共同体。换言之，智育绝不止于知识识记、考试升学，智育本身就是一个可持续发展的综合体，是一个由多元要素构成的智力成长命运共同体。

在实践层面，启迪学生智慧的最佳方式就是导师制。导师在课外与学生接触和联系，推动学生智育的发展，在帮学生树立正确三观的同时教学生做事创业的本事。个别青年教师在刚接手导师工作时就与学生见面，就表明可以借这样的机制帮学生学习功课、化解疑难。科任教师为学生提供便捷的文化课指导。学习困难的学生可以通过这种一对一的辅导使学业水平得到有效的提高。

三、助力未来

以学生为本，就是要为每一名学生未来的发展成长终身负责，而不仅仅满足于高考。教育是百年大计。学校一定要为学生的终身负责，要利用导师制在与学生互动中培养学生终身学习的能力。学生在校期间要德智体美劳全面发展、身心健康和谐发展。

有人说学校没有培养学生适应未来挑战的能力，而当代恰逢世界百年未有之大变局，未来到来得如此之快，明日或许就是未来。因此，应对未来必须从当下教育做起。导师制的好处在于拓宽学生的生活、学业视野，学生可以通过与导师的交流、探讨展望未来。学生要树立面对未来的紧迫感和危机意识。年长的导师可以利用他们丰富的阅历帮助学生建立起自己的未来观。年轻的教师可以利用自己同龄人的特点，找到自己与学生共同感兴趣的话题，与学生徜徉于未来的美好憧憬之中。

当今人类社会已经进入第四次科技革命时代，互联网、人工智能、量子计算等将把人类带入创变时代。在这个时代，未来与现实的间隔越来越短，思维革命必须回望、审视现实，展望未来。科技革命的这一全新特征给教育提出了一系列的全新挑战。由于人工智能在知识学习方面的独特功效，人类的知识学习应试能力退居二线，想象力、创造力、创新力、实验力跃居一线，问题意识、点子、好奇、冥思幻想等直觉思维与潜意识作用得到凸显。与此同时，面临科技革命可能带来的一系列潜在风险和危机，我们必须时刻保持警惕，必须强调未来人才智能结构与身心协调的重要性，必须要求学生文理兼备、素质全面发展。单纯强调"科技至上"很可能造成一些问题，科技有分裂人格的潜在风险，而我们可以通过人文教育把控科技风险，降解其对人性的异化。显然，学校仅仅满足于升学率的提高是短视的。

大数据技术为未来的教育评价提供了全新路径。办学质量不再以眼下的升学率为依据，而以人才为社会做出的贡献和所取得的成就为依据。追溯其当初就读的学校，就可反观这所学校的办学水平和质量。

即将到来的未来既是全球发生科技革命的时代，又是中华民族复兴的时代。两个时代双重叠加，决定了未来需要什么样的人才，而未来需要什么样的人才，今天的教育就要立足于培养这样的人才，否则就会延缓进入未来社会的进程。未来对个人的知识能力、心智素质以及道德修养等方面都提出了全新要求，未来人才不能再局限于"小我"，而是要胸怀天下，要有万物平等的意识。如何平衡科学精神与伦理道德的关系？复兴后的中国如何把中国文化融入世界文化？如何使日益增长的影响力始终保持正向作用、不断向全世界释放正能量？这些都是今日教育人必须思考回答的问题。

第二节　有品位的教育

所谓有品位的教育有两层含义：（一）有价值的教育。即每名学生的价值都得以实现，每名学生各个方面的才华都得以释放。因此，有价值的教育是普惠的公平的教育。（二）有格局、有深度、有高度、有广度、有温度的教育。简单地说，就是教育出来的"大写的我"是胸怀天下、有理想、有抱负的"大我"，而不是自私、自负的"小我"。个别学生没有充足的爱国情感，迫切需要主旋律教育；有的学生谈不上爱国但也不恨国，不爱党也不恨党，只表现为爱自己。这些都很成问题，不符合示范区的教育精神和原则要求。我们必须改变这种消极、被动爱国的状况。

创造有品位的教育，就是培养"大写的人"。经过之前多年的教育实践，正反两方面的经验教训告诫我们一个事实：如果不设定一个高的教育目标，不确立一个办学的基本准则，那么就无法明确学校定位，学校的具体办学就很可能偏离正确的教育路线，乃至背离国家教育方针政策。的确，现实中很多学校都或多或少存在这样的情形，其结果就是虽贵为名校，向大学输送了不少所谓的"高精尖"人才，但是其输送的这些人才很可能不符合党和国家建设事业的需要，这些人才的三观也很可能有"硬伤"。学校办学若仅仅满足于居高不下的重本率，热衷于北清率，那就算成全了一届又一届考生考取大学的愿望，也未必称得上是真正的一流学校。教育须兼顾个人利益与国家利益，要培养大批有家国情怀，尊崇两弹一星精神、西迁精神、航天精神、逆行精神的人才。但事实上，由于这些年教育一味地追求升学率，将目光过多地聚焦于西方，业已造成一定程度的负面影响。简单地说，就是教育办得越来越没品位，学校越来越显现不出超凡脱俗的气质。主旋律、正能量表面上看似喊得挺热闹，但深入课堂教学、校园生活实际，透过师生言行的真情表露不难看出红色基因、社会主义核心价值观等在校园内仍然是欠缺的，教师也缺乏发自内心的持久的普遍的生命力、感召力和影响力。

所谓的名校大多虽有品牌、有名气，但品位不够。这些年学校教育忽视传统，西化现象一直在加深、加广。同时，思想品德教育、政治思想教育流于形式，空壳化、形式化、浮夸化现象较为普遍。如果说有哪个事业最容不得虚假和浮夸，那么就是教育。升学应试是实在的，分数没达标就进不了"985""211"。思想品德、政治思想看似务虚得多，实则并非如此。对这些略显务虚、空洞的课程，学校恰恰需要拿出百倍务实的干劲，才能收到应有的效果。要知道，这些课程是传递和进行社会主义核心价值观教育的主阵地。一旦这些课程流于形式或浮于表面，那么学生的主流价值观教育就入不了门，学校就难以重塑学生的灵魂，就难以矫正自利、自私、自负等意识。结果就像上面所指出的那样，学校就无法确保送进重点大学的"高精尖"人才抱有家国情怀，在关键时刻能做到公而忘私、舍小我为大我，学生就很可能成为精致的利己主义者。这一点党和国家早就有所觉察，因此对教改所做出的部署和顶层设计都具有明显的针对性。学校教育的失误与其简单地怪罪于应试的过于务实，不如说是立德树人以及广义的德育太过务虚所致更准确。

创造有品位的教育，就是为了区分、澄清人们对名校的标签化认识。重本率、北清率当然不错，但绝不是全部，甚至不是最重要的。最重要的是办学要有品位，师者要有品位，校长要有品位，根本的一条是培养出来的学生要有品位。有品位的教育必须坚持德育优先、德育统领一切。要培养"大写的人"，而不是培养考试机器、升学率分子、自私自负的偏执狂、冷漠消沉的人。深高（集团）的全员育人全程研修双轮驱动机制能最大限度接近这样的目标，抵达这样的教育境界。当然，有品位的教育绝非不讲升学率、重本率、北清率，而是要在弘扬主旋律和坚信正能量的前提下狠抓"三率"。就是说，教育首先要明确是为社会主义伟大事业培养建设者和接班人，而不是为个人前途培养"两考生"。

要创造有品位的教育，首先要有坚定、正确的政治立场，即以人民为中心，而不仅仅服务于个人高考，否则就会导致党和国家的教育事业处于危险之中。有品位的教育的首要标准就是严格遵从党和国家制定的教育方针和政策，不折不扣地全面贯彻落实，而不是有所取舍、有所偏好。比如，非高考科目、非竞赛课程、非学校荣誉项目没有受到公平、公正对待，体育课、课改课、艺术课边缘化现象十分普遍。或许学校对这些做法早已习以为常，根本不觉得有什么不妥，然而这却是办学没有品位的具体表现。这些偏失使得置身其中的学生深受影响，最要害的一点就是，在无形之中告诉孩子们只有"两考"才是教育，才是有用的，才是实惠的，其他一切全都可以忽略不计。试想一下，在如此导向下，学校教育怎么可能实现培养社会主义建设者和接班人的总目标。一头沉地抓应试升学也不符合千万学生身心健康成长的要求。基于这样的认识，必须明确的一点就是，强调创办有品位的教育就是弘扬时代主旋律，健全社会主义核心价值观，使学生胸怀天下、公而忘私，使学生像先贤那样"先天下之忧而忧，后天下之乐而乐""齐家治国平天下"。所以，深高（集团）一再强调立德树人这个根本，就是为了创造有品位的教育。

如果学校教育出来的人缺少理想信念的支撑，缺乏为社稷民生求学的远大志向，那么这种学校教育注定是没有品位的。首先是忽视了"培养什么人"这个首要的问题。或者准确地说，不是忽视而是错误地对待了这些问题。以中考、高考为基本诉求的教育势必忽视这些根本性的问题。因为只以高考为中心、只狠抓升学应试教育的结果必然是考生只关注自我利益，只考虑自身前途、命运。有品位的教育旨在使教师的职业操守、人格魅力、学识风范等深刻持久、全面生动地与学生的意志品行、思想道德、价值理念、学业身心等充分交融、紧密相连，从而达到教师的成长哺育学生的成长，学生的成长反向促进教师的成长，最终实现教育最美好的境界——师生命运共同体相互成全、同步成长，而这也正是深高（集团）生态化办学中最本质的教育思想。其实，深高（集团）生态化办学过程与办学宗旨高度一致：以学生为本，以师德为魂。深高（集团）必须首先回答好"立什么样的德""树怎样的人"这两个最根本的大是大非的问题。只有明确了这样的前提、确定了这样的目标后，深高（集团）才能找到培养人的有效途径和方法。

第三节　深高（集团）的教育目标

深高（集团）的性质是单一法人、多个校区的紧密型教育集团。在集团四个成员校中，有办学二十多年的品牌高中（中心校区），有办学三十几年、后并入集团且在变革中形成优质口碑的知名初中（南校区），还有办学六年的九年义务教育学校（北校区），还有一个位置离其他校区较远的十二年一贯制学校（东校区）。因此，在教育治理思维理论的导向下，深高（集团）基于各成员校发展情况、核心竞争力与定位，形成了如下教育目标。

一、中心校区

（一）定位

面向新高考、新课标时代，担当集团内的新变革发动机；建设具有全球视野、全人立场的学术化发展的高中；建成素养育人时代的"未来型"新高中范本。

（二）优势

中心校区经过多年发展，已经成为深圳高中教育界的一个重要品牌，其科技、艺术、体育、安全等特色教育项目独树一帜；GLOBE 教育体系、国际课程体系、荣誉课程体系等享誉全国，在集团发展过程中起到学术引领的龙头作用。

（三）任务

在新高考评价体系建设初期，中心校区将充分发挥高考研究的导向作用，引领集团育人路径的时代性、创新性，成为集团教育变革的发动机，通过课程科研以及教师培训驱动小学、初中各学段的系统变革。同时，中心校区应继续坚持放眼全球的视野、完整育人的立场，加强师生学术化研究的实践。在素养育人时代，中心校区面向培养"未来人"的教育追求，持续行走在教育创新发展的最前沿，不断尝试建立新时代新高中发展的优质范本。

二、南校区

（一）定位

面对教育评价方式的重大变革，担当集团内的新评价根据地的角色；打造具有全链视角、评价驱动、精致化发展的精品初中；力求建设成为新时代初中优质教育的典范。

（二）优势

南校区高度重视教育品质建设，立足初中教育，向下主动衔接小学，向上充分对标高中，拥有打通育人全链的大视野，在学生综合素质评价的创新变革方面进行了高质量的探索。在课程方面，南校区搭建了特色鲜明、内容丰富的互动课程平台，已经拥有"高质量初中教育样板"的域内口碑，将进一步在精致化发展的战略思路上不断推进。

（三）任务

在教育评价变革加剧的新时期，基于评价体系的重构，南校区应立足初中教育回答育人模式变革的时代命题，探索初中教育新立场，成为集团"评价变革"的创新实践根据地。同时，南校区应继续积极进行小初衔接、初高衔接的探索与实践，以"新评价体系"建设为抓手，基于《深化新时代教育评价改革总体方案》以及"素养导向"与"治理导向"，探索符合时代要求的初中教育评价机制。

三、北校区

（一）定位

面向学习方式变革、工具变革的时代，担当集团内新课程孵化器的角色。打造素养导向、方式多元、未来化发展的九年一贯制学校。建成教育新时期九年育人的完整创新样板。

（二）优势

北校区自建校以来，充分激发教师群体的课程创造力，构建了丰富多彩的高品质课程体系，设计开发了多样态的课程、活动、讲座、游戏等，创新发展了面向学生个性化成长的育人体系。很多课程成果已经拥有深圳一流口碑，很好地表现出深高（集团）办学的深厚功底。

（三）任务

在新工具带来的新学习时代，北校区应充分发挥课程创新建设方面的显著优势，为集团成员校提供课程建设的科研、成果、资源等深度支持，成为集团内部新课程孵化器。北校区未来应在素养导向、以学习者为中心的教育新时期，继续推进学习方式变革、学习工具应用，构建素养导向、方式多元、未来化发展的九年一贯制学校，为深圳九年育人模式提供完整的创新发展方案。

四、东校区

（一）定位

面向素养导向的"长线育人"逻辑，担当集团内的新模式（"十二年一贯制新模式"）试验田，打造资源打通、机制创新、品质化发展的十二年一贯制学校。成为适合深圳十二年一贯制办学方案的探索者。

（二）优势

东校区是深圳罕见的在同一校区完整提供小学、初中和高中十二年教育的学校。数年的发展已经证明了深高（集团）在办学、培师、育人方面的成熟与高效，深高（集团）迅速成长为备受瞩目的品牌学校。基于全学段打通的优势，东校区正在成为十二年一贯制教育方案的探索者和实践者。

（三）任务

东校区应立足全学段打通的优势，探索十二年一贯制新模式及集团多个校区联动的重要指导意义，成为集团发展的新模式试验田。同时，基于与临近高校科研资源的互动，东校区还能够探索高等教育与基础教育联动的创新发展路径，形成东校区独有的品牌特色。

通过六年分布式决策分工的探索与实践，深高（集团）对集团内部各学校进行授权与赋能，有效地实现了资源整合与共享，使不同成员校之间的文化、资源、优势相互融合，充分激发了集团内各学校的办学活力，实现了各校区间的优势互补，形成了十二年完整的基础教育生态系统，将集团建设成为互动共赢的未来学校发展共同体。

第四章

生态化办学实践：全员育人导师制

从建立分布式领导组织到展开"四全（全面布局、全景规划、全程深耕、全员精进）治理"行动规划，再到形成分布式集团"管办评"机制，深高（集团）大胆地实行组织架构的重组与构建，成立教代会、咨询委员会、学术委员会，创新工作机制，重构集团和学校内部各组织之间的协同关系，而这是生态化办学实践最关键和最基础的一步。

正是由于组织架构的变化、生态化办学环境的塑造，深高（集团）拥有了基于民主意识与契约精神所构建的协商性、共生合作的双向治理机制，真正实现了向管理要红利，真正从完善分布式决策制度、细分工作权力中提升了工作效率，形成了上下整齐的协同模式。这是生态化办学实践最重要的成果。

多年来，随着生态化办学的稳固发展与推进，在"面向未来"统一观念的驱动下，深高（集团）真正实现了观念统一、资源互动、协同行动、全程规划的生态化办学环境。基于治理思维的办学育人模式已经成型，一个与同行、社会、家庭全面联动、协同育人的新路径、新平台、新载体、新内容正在不断更新，深高（集团）独特的"协同育人生态圈"也已经发展壮大。

"协同育人生态圈"包含两种关键制度：全员育人导师制和全程研修制。以全员育人导师制带动学生成长，让学生成德达材；以全程研修制促进教师成长，让教师立己达人。而全员育人和全程研修双轮驱动机制正是生态化办学的具体实践。在全员育人和全程研修的双轮驱动下，学生全面发展，教师专业成长，学校提升了整体的教育质量，实现了教与学相长、教与育互成，形成师生成长共同体。

第一节 全员育人的创新：导师制

全员育人导师制指的是全年级所有教师一律担任导师，所有学生一个不落地配齐导师。在导师的分配上，尽可能打破班级与宿舍的局限。打破班级与宿舍局限的最好方式是混班和混宿舍组合，这样便于学生扩大交际范围，拓展学生的学校生活领域，同时也为导师开展工作开辟新阵地。

全员育人的创新之处就在于导师制。其具体做法是：学校在开学前组织全体教师宣讲导师方案，务必使每一位导师领会方案精神和研修细则，同时成立课题与方案实施领导小组，从管理上予以保障；开学后立即召开全体师生参加的全员育人导师制动员大会，向全体师生介绍导师制工作原理、方法、思想和意图，对学生提出明确要求，向每位学生发放导师制记事本，公布学生分组及导师名单，同时给所有导师发放导师制工作手册。

此外，把生活老师纳入导师行列是全员育人导师制的一大亮点。长期以来，生活老师只是学生在宿舍生活上的管理者或服务者，学校很少把他们与科任老师一样当作学生的育人导师。深高（集团）认为，生活老师与学生朝夕相处，比较了解学生的作息和生活习惯，可以在实践育人、协同育人方面发挥不可或缺的作用。

深高（集团）想强调的是"新"：一是东校区是新建校，二是师资队伍的主体是新入职的年轻教师。正是因为这两"新"，深高（集团）想到新建校必须把学生的心紧紧抓住，把学生求学上进的精神头鼓动起来，而导师制是一个很好的抓手，有它独特的效果，能够把师生紧紧捆绑在一起，结成命运与共的统一体。全体学生人人有导师，个个受关爱；全体教职员工人人是导师，个个受尊重。

深高（集团）认为，在导师制的实践上，要将柔性与刚性相结合，能量化的尽量量化。比如，规定导师每周至少与学生会面一次，每月组织学生开展一次小型活动，每学期与家长联系一次，每学年与学生、家长开展一次三方谈话。导师人手必配一本导师制工作手册，导师必须按要求及时进行记录，每月有专人检查手册。导师名下的学生尽可能不受班级和宿舍的局限。学生每学期对导师工作进行一次民意测评，而这个测评也会作为导师考核的依据之一。要提倡导师多参与学生自发组织的活动，主张导师主导组建新的活动小组。学业、纪律、寝室、行为、心理、阅读、课外活动、人身安全等是导师重点关注的方面。

第二节　全员育人导师制的实践重点

深高（集团）实施全员育人导师制的目的，是汇聚全校教师的力量，整合各种教育资源，面向全体学生，把思想教育与知识传授相结合、共同教育与个别指导相结合，促进学生全面、个性化发展。为此，深高（集团）以班级为单位，成立以班主任为核心、高考科目教师和非高考科目教师齐抓共管的育人导师工作组，在思想、学习、生活、品德、心理等方面为每一位学生提供全方位、个性化和亲情化的综合指导和帮助。

一、全员育人导师制的出发点在"全"

"全"指的是导师全员、全程参与，不留死角，一个都不能少，每一位教师都有份，每一名学生都有人关注。

学校所有的教师，不管是高考科目教师还是非高考科目教师，全部担任导师。一个"全"字让每位教师都有牵挂的学生，有作为教育者的成就感和幸福感，让每名学生都有自己可以倾诉的教师与发光的机会。一个"全"字让每名学生都真正变成学校的主体，尤其让那些不太显眼的学生也变成自己导师眼中的"焦点""重点"。

二、全员育人导师制的关键点在"陪"

"陪"指的是陪同、陪伴，强调的是贴近、贴心。

陪伴是最长情的告白。教师若不陪伴学生，那就很难有真诚的交流，更谈不上有效育人。在日常工作中，导师要以小组为单位陪伴学生一起共进晚餐，在自由轻松的氛围中走进学生的内心；陪伴学生一起跑步、打球，在挥洒汗水中凝心聚力；陪伴学生一起读书、谈论，在书香弥漫中潜心向学……导师成了学生的倾听者、陪伴者，往常的"我在你对面"变成了"我在你身旁"。这种志趣相投的陪伴和指导尊重了学生的独立人格和独特个性，创设了自由、平等的交流氛围，拉近了师生之间的距离。在感受到来自导师的尊重、信任和期待后，同学们会渴望变得更好，更加向阳而行。

三、全员育人导师制的着力点在"导"

"导"指的是思想、学业、心理、生活、习惯等方面的综合指导,导师以自己的阅历和行为示范引导学生。

一是在思想上教导。导师要教导学生树立正确的世界观、人生观、价值观,坚定理想信念,厚植家国情怀,积极践行社会主义核心价值观,形成良好的思想道德品质。

二是在学业上辅导。文化课教师要特别重视引导学生养成良好的学习习惯、改进学习方法,定期帮助学生进行学情分析,解决学生在学业上的困惑,培养他们自主学习的能力。

三是在心理上疏导。处于青春期的学生相对比较敏感和脆弱,导师要及时了解学生的心理状况,定期与他们谈心,疏导其负面情绪和心理压力;也可以用书信或线上交流的方式及时为学生排忧解难,做他们的"知心姐姐"和贴心朋友。

四是在生活上指导。高中生里独生子女占比高,而独生子女独立生活的经验相对不足,这就需要育人导师多关心、照顾他们的生活,多一些嘘寒问暖。导师还需要不定期与家长沟通,帮助解决学生不适应寄宿生活等问题。

五是在成长上引导。导师要根据学生自身的个性,引导他们做好生涯规划、全面认识自我、明确发展方向。

四、全员育人导师制的核心点在"爱"

"爱"指的是关心、爱护、尊重与理解,只有导师与学生交朋友、平等对话,才能达到"心有灵犀一点通"的效果。

爱是教育的源泉。导师有了爱,才会用伯乐的眼光去发现学生的闪光点,才会真正站在关心、爱护学生的角度去关注学生的学习和生活。心理学家威廉·詹姆斯有句名言:"人性最深刻的原则就是希望别人对自己加以赏识。"当导师用爱心去真正赏识学生的时候,学生往往会带给你无限的惊喜和感动。

五、全员育人导师制的落脚点在"育"

"育"指的是心育、培育、呵护,导师的一切努力都要落实到促进学生健康成长、发生积极变化上。

育人导师必须树立"每一个教育工作者首先是德育工作者"的理念，在教书的同时更要育人。要落实立德树人根本任务，坚持"五育"并举，用心用情，努力形成全员育人、全程育人、全方位育人的良好育人模式，促进学生全面而有个性地发展。"经师易得，人师难求。"育人导师要从单纯教授知识的教师身份转变为知识与品德同授、智育与德育兼顾的树人者身份，不仅在课堂上传道、授业、解惑，更要在课堂外甘为人师。

第三节　素质教育的抓手：综评

在生态化办学中，全员育人导师制的设计为全员育人构建了一个良好的体制保障。导师制可以实现有导师"陪"学生学习、有导师"爱"学生、有导师全方位教育学生的育人目标。而综评正好可以用来检视和评价导师的工作效果，也可以对导师的工作进行互补，促进导师的工作大范围、深层次展开。

新课标、新高考和综评的全面启动为有效处理应试教育与素质教育的关系做铺垫。这些年的高考改革也在不断朝这个方面迈进，试题的内容和形式都发生了很大变化。试题的灵活性、主观性、创造性测试比重不断加大，其意图就是贴近正确的育人目标。换言之，新课标、新高考和综评为学校推进素质教育创造了条件。

用好、用足综合评价，切实推进素质教育。既然顶层设计搭起了综评这个抓素质教育的平台，那么深高（集团）一定要充分利用好这个平台，最大限度地把综评的作用发挥出来。综评的效益能否挖掘出来、综评工作的开展是否有效直接决定素质教育的成败，决定着能否创出有价值的教育。如果少了这个抓手，那么素质教育就更难以推动了。

一、构建教书育人命运共同体

从某种意义上说，全员育人导师制就是综评的具体再现，全员育人导师制是促进综评发挥作用的强有力途径。因此，学校一定要高度重视这项工作，同时把综评工作与全员育人导师制、与青年教师的成长统一起来，要求导师每月至少与学生谈一次心，并逐一进行翔实记录。科任老师每学期至少与每名学生谈一次心，并做记录。

学校要在增量中为素质教育提供时空。高一阶段应尽可能让所有学生参与到科技节、体育节以及艺术节之中来。每周末，直接参与项目的学生提前半天返校，由各相应学科老师陪同进行有针对性的训练，提高学生参与活动的质量和水平。高二阶段侧重研究性学习，培养学生的专题学习和探究能力。项目组学生提前半天时间返校，各小组进行集体学习交流。

综评在推动素质教育方面起到几个作用：活跃校园气氛；切实加强家校与师生之间的联系；把教书与育人有机统一起来；才艺、体育、劳动教育惠及每一个人；对过于单调的应试教育所存在的问题予以适当修正。因此，学校有必要极大地提高学生和老师的参与度，最好使人人都有项目。

综评与项目之间共同的机理是把师生紧紧捆绑在一起，组成教书育人命运共同体，让师生一同成长、紧密联系、相辅相成。这种命运共同体极大地激活了教育资源，营造了绝佳的教书育人氛围和环境。受此启发，深高（集团）开始重视教书育人命运共同体这个概念。这种命运共同体的实质是建构一个紧密联系的教育利益共同体，师者的成败与名利时刻与学生的身心成长相关联，而不仅仅与学生的分数相联系。相反，学校若抛开综评，那就等于拒绝素质教育。这种教育结构其实导致师生两张皮、师生之间面和心不和。有一种观点说，就师生角色互换而言，在某种情形下，学生的确可以扮演教师的角色，这有点像幼儿小时候总喜欢模仿大人的角色，而教师也可以扮演学生的角色。

二、综评育人的优势

综评有利于促进师生一体，开展师德师风建设。学校只有在充分、全面、真实地了解学生后，才能落实立德树人根本任务。教师只有近距离接触学生后，才能让自己与学生之间多一些心灵与精神的交流，才可能做到全面、真实、客观地了解学生。但是教师在课堂上分秒必争，专注教学任务，顾不上育人，也没多少机会了解学生、展示师者生活的另一面。导师制为教师了解学生、展示自己创造了条件、提供了机会。教师把自己最美好的一面展示给学生，可以增进师生感情。彼此交往得越深、了解得越多，感情也会随之加深。师德师风就这样建立起来，直接传导到学生身上，产生持久而深远的影响。

综评有利于提高学生的学业成绩。求真务实是深高（集团）治校的基本原则。依照顶层设计给出的育人大政方针，结合学校的工作实际，深高（集团）努力做到对素质教育真抓实干，对应试教育毫不含糊。应试教育不是魔鬼，而是教学的有机组成部分，是育人必不可少的环节，与素质教育共同构成完整的教书育人命运共同体。就像一枚硬币的两面，学校抓应试教育时没有必要遮掩；同样，抓素质教育时绝不能走过场，而要真刀真枪，练真把式，修真功夫。为此，深高（集团）强调素质教育的普惠性和常态化。素质教育不是一阵风，它的目的不是作秀、竞赛。因为深高（集团）坚信，好的扎实的素质教育一定是为应试教育加分的，好的应试成绩的取得强烈地依赖于优良的素质教育基础。比如，正能量能够激发学生的学习热情，好才艺能够激活学生的大脑思维。

综评有利于开展学情分析，增强学情分析的准确性。以往学年或大考过后都要进行所谓的学情分析，但这种分析总有一种隔靴搔痒、找不准靶向的感觉。经过对大量案例的分析，深高（集团）发现问题在于学校颠倒了教学与育人的关系，或者人为地割裂开它们之间的关系。准确地说，学情分析这种说法本身就存在漏洞，这是教学优先理念的痼疾。但实际上，学情分析的对象不是卷面上的错题，而是一个个千差万别的学生、一个个个性鲜明的生命体。以往的学情分析往往注重于功课与学业，局限于课堂与学法教学，囿于排名、分数，等等。这样的学情分析就事论事可以说得过去，也可以得出某种结论、给出某些建议，但得出的结论与建议一定是表象的，很多时候是治标不治本。试想一下，科任老师如果平时除了教学、批改作业外不再与学生产生任何交集，那么怎么可能了解学生的内心与思想状态呢！在不了解这些基础信息的前提下，仅仅依据考试成绩得出的结论显然失之偏颇，是不全面、不科学的，据此给出的建议也一定难以起到持久的效果。

综评有利于摆脱教学、育人两张皮的"老大难"问题。科任教师要么出于教学政绩排名的需要，只抓教学；要么认为育人主要是班主任的事，自己只要抓好教学就行了。而事实上，学校管理层也存在这样的偏见。比如，教学处地位实际上比学生处地位高，往往是其他部门迁就或成全教学处。其实，有些时候就是教学至上，一切为教学让路，但实践上往往做过了头。比如，德育课程可松可紧，考试科目绝不允许半点马虎。这就很能说明问题。其思想根源在于教学优先于育人。其实，教学与育人本是一体，是不可区分的有机统一体，而学校进行区分就是教学政绩与功利化的结果，是对教育本义的曲解和正确教育行为的扭曲。怎样才能让青年教师切身体会到教学与育人的一体性？全员育人导师制就是一个很好的途径。事实上，全员育人导师制实施以来积累的大量鲜活案例已经说明，育人才是根本，只要把育人做好了，那么取得良好的教学成绩就是顺水行舟、四两拨千斤，会有事半功倍的效果。相反，如果出于功利和政绩的考量，为了提高学生的考试成绩，一门心思埋头教学，那么往往会事与愿违、事倍功半。而原因就是没有解决好作为学习主体的学生的学习内生动力问题，诸如学习的动力、心理情绪的调控、精神状态的调整，乃至刻苦勤奋的劲头。这些内生性问题得不到彻底解决或有效缓解，仅仅依赖开发智商，即使在一段时间内能提高学生一两次考试成绩，但想要达到持久发力的效果也是不可能的。比如，有的导师根据实践总结出的经验就是：育人才是根本，教学是水到渠成的自然结果。

三、综合素质评价系统的建立

深高（集团）建立了"我的青春@紫色城堡——深高综合素质评价系统"，利用大量、小型、可移动、低功耗的数据端记录，追踪学生在校受教育全过程的行为，并使其数据化，形成海量的数据；在此基础上，通过呈现、计算、分析、挖掘这些数据，找出产生学生行为的机理，勾画出其特点与专长，从而指导学生学习，促进学生个性化成长。（见图3）

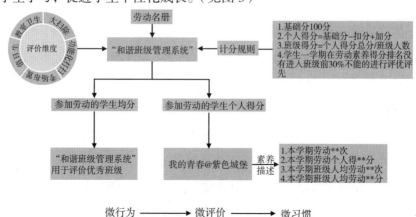

图3 我的青春@紫色城堡——深高综合素质评价系统

根据综合素质评价"谁提供、谁负责""谁使用、谁评价"的原则,深高（集团）认为从升学参考的角度来看,中学的主要职责在于如实描述学生行为,提供深高（集团）考查学生的维度,提供学生在班级的相对位置,即深高（集团）只做行为和量的描述,高校决定如何评价某种行为。

表 1 素养考查维度及描述

素养	数据维度	描述
思想品德	省、市、校级表彰（校五好学生、优干、优秀团干、优秀楼长、寝室长）	获得了 ××× 奖
	荣誉数据（国旗队、国旗下的演讲、升旗仪式主持人、纪检委员、值周人员）	本学期荣誉得分××分,班级均分××分;从 ×××× 年 ×× 月 ×× 日至 ×× 年 ×× 月 ×× 日参加了国旗队;在国旗下演讲,题目是《×××》;担任第 × 周升旗仪式主持人;担任第 × 周值周人员
	义工数据	义工学时总计 ××× 小时,本学期做义工 ××× 小时
	诚信数据	本学期诚信数据 ××× 分,班级均分 ××× 分
	劳动素养	本学期参加劳动 ××× 次,班级人均 ××× 次,劳动得分 ××× 分,班级平均 ××× 分
	文明礼仪	本学期得分 ××× 分,班级均分 ××× 分（学生得分计算办法:基础分100分 − 扣分 + 加分）

"我的青春@紫色城堡——深高综合素质评价系统"的优势具体表现在以下几点:首先,将信息标准化、数据化。深高（集团）采用多种数据端,按一定标准,在不增加师生工作量的情况下,把学校现有的有关学生的信息标准化、

数据化。其次，整合了学校现有的数据。深高（集团）把学生现有的数据互联、互通，消灭了信息孤岛。再次，尽可能地引入社会机构的数据，增强对学生评价的权威性。最后，通过挖掘和分析数据，全面勾画学生的行为轨迹，为学生发展、学校发展提供数据支持。（见图4、图5）

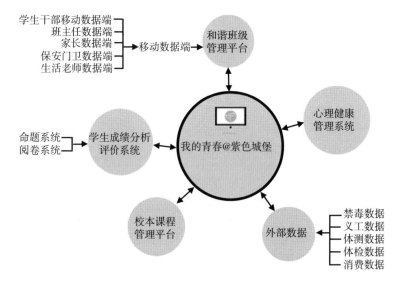

图4 深高（集团）学生信息"数据链"示意图

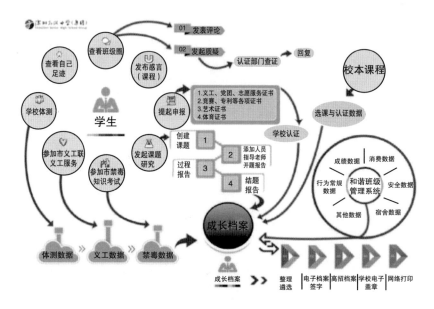

图5 综合素养流程图

在综合素质评价的发展上，深高（集团）提出以下评价原则：

第一，在评价维度上，依靠常识就可确定评价一个素养的相关维度，即确定引用哪些数据来描述该项素养，但各项数据在评价中应占的权重不必计算，即使计算，由于其依据的数据量太小，结论也值得怀疑。

第二，应重在写实、重在描述，少评价。按照"谁使用、谁评价"的原则，中学在综合素质评价中的职责应是记录、陈述，由招生学校去评估被记录的学生是否符合招生要求。

第三，着眼点不能仅限于学生的突出表现，更要着眼于学生的点滴行为。首先，大部分学生少有突出表现。深高（集团）中能被评为"五好学生"的学生只占全校总人数的 10%，能被评为"省市优秀学生""优秀学生干部"的学生更是寥若晨星。从这个角度讲，大部分学生少有突出表现。其次，记录突出表现不符合大数据思维。大数据不是抽样数据，而是"全数据"。挖掘、分析学生行为，需要海量数据；反映学生个性，更需要大量平常行为的点滴数据。再次，从引导学生成长这个方面来讲，只有记录并及时反映学生日常生活的点滴数据，才更有利于向学生传达深高（集团）的教育意图。最后，深高（集团）主张把素养内化为习惯。良性行动持之以恒，就可以转化为习惯。在这一过程中，良性行动如果能到及时的肯定，那么就会得到强化，有利于良性行动的持续，从而有利于习惯的养成。

下面以劳动教育为例，具体讲述深高（集团）综合素养评价平台的评价过程。

学校的理念　记录（评价）引导成长，微行为—微评价—微习惯。

变化　改变过去学校在清洁卫生上只考评班集体、不评价个人的做法。

评个人　每学期之初，学校赋予每名学生劳动素养基础分 100 分，并根据学生每次常规劳动的结果给予加分或减分。所谓常规劳动，包括下列工作：值日生工作、教室清洁卫生、功能室卫生、大扫除、考场布置。学生一学期的劳动得分是基础分加上常规劳动得分。如果一名学生一学期劳动得分的排名不能进入班级的前 30%，那么该生不能参加本学期的"五好学生""优秀学生干部"的评选。

评集体　所有参加劳动的学生的个人劳动得分的均值是评选优秀班级指标之一。

名单导入和考勤　班主任在每学期第一周和期中考试那一周，分两次把清洁卫生学生名单导入"和谐班级管理系统"。如果学生缺席某次劳动，那么班主任可以在"和谐班级管理系统"予以考勤。

评价的维度　参见《深圳市高级中学学生守则》。值日生（2项）、教室清洁卫生（2项）、大扫除（6项）、功能室卫生（2项）、考场布置（7项）。每项合格加2分，不合格扣2分。参加同一次劳动的学生不管其组内分工如何，所得的分数一样。

评价的主体　值日生、教室清洁卫生由值周学生评价，大扫除和功能教室由教师评价，考场布置由年级长评价。

素养描述　学生个体得分进入"我的青春@紫色城堡——深高综合素质评价系统"，作为思想品德模块中劳动素养的评价依据。该分数按一定公式计算，学生最低得分不低于60分，最高得分不高于100分。由程序自动生成写实性评语，模板如下：张××同学本学期共参加劳动××次，班级人均××次，本学期劳动得分××分，班级人均得分××分。

第四节　全员育人导师制的执行方案

一、工作目标

以教育教学为中心，以学生的特长、个性发展为主线，充分挖掘学生的潜能，帮助学生形成良好的行为习惯、具有良好的思想品德和健全的人格，让学生德、智、体、美、劳各方面全面发展，培养学生成为全面发展的社会主义事业合格建设者和可靠接班人。

拓宽德育实施途径，让更多的教师参与学校德育管理，提高全体教师，尤其是为数众多的青年教师的育人水平，形成学校全员育人的局面，培养、造就一支党和人民满意的德育教师队伍。

二、导师的选聘

所有具有教师资格证的深高（集团）教职工，原则上都有权利和义务成为导师。学生处将导师分配到各年级。在年级组长的统一组织下，各班班主任结合学生和导师的实际情况，为本班每一名学生选聘导师。

三、工作制度与职责

（一）工作制度

实行以班主任为组长的班级导师组工作制。班主任是导师组工作的组织者和协调者。

（二）职责

班主任职责有以下几点：负责本班导师与学生的选配和协调工作；组织并主持导师组会议；协调班内各位导师之间的工作；作为德育课程（班会课）的备课组长，与其他导师一起进行集体备课，设计和上好本班的德育课程。

导师职责有以下几点：第一，思想引导。引导学生树立正确的世界观、人生观、价值观，培养和提高学生的思想素质，引导学生积极进取；经常检查和督促学生的行为习惯，帮助学生形成良好的道德品质，特别是要促进责任感、诚信与感恩等优秀品质的形成，为其终身发展奠定基础。第二，学业辅导。负责学生的学业指导，根据学生的个人特点和学业基础制订学习与发展计划，介绍科学的学习方法，引导学生有效地学习，帮助其养成良好的学习习惯；定期向班主任和其他任课教师了解学生情况，帮助学生解决学业上的困难；定期帮助学生进行学情分析，找出问题，提出对策；培养学生的自主学习能力。第三，生活指导。关心学生生活，引导学生养成健康的生活习惯；经常与学生家长沟通，了解学生的家庭情况，积极争取多方协助，帮助学生解决生活中的困难，协调好家长、学生、学校和任课教师之间的关系。第四，心理疏导。定期与学生谈心，了解学生生理、心理上的困惑，引导学生正确对待成长中的烦恼、挫折；对学生反映的问题，要与各相关教师、家长联系，及时为学生排忧解难。

四、具体要求

导师要充分了解学生的兴趣、优势、弱势、个性、家庭背景等情况，尤其要特别关注学困生、贫困生、行为偏差生、单亲家庭学生以及存在心理障碍的特殊学生。

导师应在课外与学生进行交流和指导，非必要时不能占用课堂和晚自习时间。

导师每学期应与学生至少进行两次有记录的谈话。学校提倡导师与学生在学生食堂共同进餐。

导师应对每名学生建立成长记录档案，追踪学生的成长轨迹，同时填写全员育人导师制工作手册，记录师生活动过程。

导师要在确立受导关系的一个周内熟悉受导学生各方面的情况，包括学生品德、学业水平、身体素质、家庭和心理健康等方面，并填好学生成长记录手册中的"学生基本情况"栏目。

导师要在一周内与学生进行第一次谈话，按导师工作原则与学生确立受导关系，并做好受导记录。这一点计入导师的量化考核。

在确立受导关系后，导师每周要与学生至少进行一次谈话，了解学生本周的成长情况，解决学生存在的问题，如有必要可以记录谈话内容。

在每次模块考试后，导师必须与受导学生进行谈心，总结学生在一个模块学习以来的学习与生活情况，解决学生存在的问题，就学生的学业水平变化等内容填写受导记录。

导师每学期都要写自己的导师工作总结，反思与总结学生工作的经验与教训。

五、德育内容

（一）理想信念教育

开展马列主义、毛泽东思想学习教育，加强中国特色社会主义理论体系学习教育，引导学生深入学习习近平总书记系列重要讲话精神，领会党中央治国理政新理念新思想新战略。加强中国历史特别是近现代史教育、革命文化教育、中国特色社会主义宣传教育、中国梦主题宣传教育、时事政策教育，引导学生深入了解中国革命史、中国共产党史、改革开放史和社会主义发展史，继承革命传统，传承红色基因，深刻领会实现中华民族伟大复兴是中华民族近代以来最伟大的梦想，培养学生对党的政治认同、情感认同、价值认同，帮助学生树立为共产主义远大理想和中国特色社会主义共同理想而奋斗的信念和信心。

（二）社会主义核心价值观教育

把社会主义核心价值观融入国民教育全过程，落实到中小学教育教学和管理服务的各环节，深入开展爱国主义教育、国情教育、国家安全教育、民族团结教育、法治教育、诚信教育、文明礼仪教育等，引导学生牢牢把握富强、民主、文明、和谐作为国家层面的价值目标，深刻理解自由、平等、公正、法治作为社会层面的价值取向，自觉遵守爱国、敬业、诚信、友善作为公民层面的价值准则，将社会主义核心价值观内化于心、外化于行。

（三）中华优秀传统文化教育

开展家国情怀教育、社会关爱教育和人格修养教育，传承发展中华优秀传统文化，大力弘扬核心思想理念、中华传统美德、中华人文精神，引导学生了解中华优秀传统文化的历史渊源、发展脉络、精神内涵，使学生增强文化自觉和文化自信。

（四）生态文明教育

加强节约教育和环境保护教育，开展大气、土地、水、粮食等资源的基本国情教育，帮助学生了解祖国的大好河山和地理地貌，开展节粮、节水、节电教育活动，推动实行垃圾分类，倡导绿色消费，引导学生树立尊重自然、顺应自然、保护自然的发展理念，养成勤俭节约、低碳环保、自觉劳动的生活习惯，形成健康文明的生活方式。

（五）心理健康教育

开展认识自我、尊重生命、学会学习、人际交往、情绪调适、升学择业、人生规划以及适应社会生活等方面的教育，引导学生增强调控心理、自主自助、应对挫折、适应环境的能力，培养学生健全的人格、积极的心态和良好的个性等心理品质。

第五节　全员育人导师制的成果

一、总体成绩

全员育人导师制以育人为先，促进学生的全面发展，取得了实实在在的成绩。深高（集团）东校区2019年首届高考高优投档率达到65.03%，并一举获得"深圳市高考卓越奖"；深高（集团）东校区2020年第二届高考再创佳绩，许多学生考入重点大学。

全员育人导师制让更多的老师参与到对学生的管理与辅导中。导师针对学生学习和生活中出现的问题进行分析，并给以正确、合乎实际的方法指导；导师与学生面对面、一对一地交流，让学生与导师的心灵距离变得更近，增进师生感情，让师生关系更融洽；导师注重亲情化、个性化教育，把导师的关爱深入到学生的心灵深处；导师可以发现每一名学生的潜能，进而寻找发展其潜能的有效方法，促进学生的人格成长。

二、实践成果

行为见效果，教育出成果。经过一年的实践，全员育人导师制已取得一定的教育教学效果。全员育人导师制的教育管理模式已逐步成为学校校园文化的一个重要组成部分，同时也成为一种管理文化、一种制度文化、一种能促进学校可持续发展的文化。学校上下逐步形成了一种全员育人的可喜局面。深高（集团）全员育人导师制的实践成果如下：

（一）有效转变教师的教育观念

在教师普遍感到现在的学生越来越难沟通、越来越难教的情况下，全员育人导师制有效地转变了教师的教育观念。"十个手指有长短"，教师开始正确地看待学生，学会了在遇到问题时换位思考；能承认学生的差异，善于倾听学生的心声，善于发现他们身上的闪光点。全员育人导师制与新课程改革完美结合在一起，真正实现了由重"教书"、轻"育人"到"教书"与"育人"相结合的转变。教师从教"学"走向导"育"，自觉地从学生的学业教师转变为学生的人生成长导师。

（二）创新教育方式

全员育人导师制采用师生结对的形式，引起学生的重视和家长的关心。在活动中，导师自觉增强教书育人的责任感和荣誉感，充分发挥自身的主观能动性，使教育方式得到创新；从原来单一的口头教育拓展到利用电话、网络、书信等多种形式的媒介对学生进行人文关怀，调动了学生的积极性；把道德教育、心理健康教育、特殊教育、学业辅导、生活指导融为一体，让学生真正体会到了成长的快乐。

（三）有效提高教师的育人水平

全员育人导师制增强了教师的责任感，而教师通过培训和相互间的探讨，取长补短，不断总结工作经验，有效地提高了工作水平。导师通过直接参与指导学生活动，全面了解学生、指导学生，进而理解学生工作。这有助于导师树立威信，充分发挥育人效果。

（四）使师生关系变得更加融洽

在全员育人导师制的实施过程中，导师不是居高临下的说教者，而是学生的朋友、参谋，与学生平等相处。导师经常用谈心的形式关注学生的生活，让师生间的感情变得更加融洽。全员育人导师制使教师和学生走得更近、情感沟通得更勤。学生充分体会到了教师的良苦用心，真正感受到了教师发自心底的爱，从而更乐于和教师说悄悄话。

（五）使学生的行为习惯变得更文明

导师的言传身教潜移默化地使学生明礼仪、讲廉耻，让学生更加注意每一个细节，形成了文明道德从我做起、从小事做起的校园氛围。学生在人格上自尊，在学习上自主，在生活上自立，在行为上自律，在处事上自信，其"五自"的意识和能力得到加强，同时也促进了学生良好习惯的养成、巩固、内化和升华。

（六）充分发掘学生的潜能

全员育人导师制为不同类型学生的健康成长创造了良好的外部环境。学生在导师的感化下找回了信心，激发了学习兴趣；一些平时教师较少顾及的学生在课外也能得到导师的帮助，从而加快了前进的步伐。学生的自我管理、自我服务、自我教育、自我成才的意识也得到增强。全员育人导师制这种亲情化、个性化的教育模式为深入实施素质教育、促进学生的人格成长以及进一步提升师资队伍素质注入了新的活力。

（七）使家长更信任学校

在全员育人导师制实施后，家校联系变得更为频繁，导师以电话、家访、书信、网络等多种形式与学生家长进行沟通，取得了家长的信任、支持和理解，帮助家长树立正确的家庭教育观念、掌握科学的家庭教育方法、提高科学教育子女的能力。

（八）提高教育质量

在全员育人导师制实施后，学校建立起良好的校风、学风，充分发挥学生在教育教学过程中的主体作用，课堂纪律有了明显的改善，老师和学生都明显感受到了课堂效率的提高，"先学后教，反馈矫正"得到不断深化，"减负提质"逐步变为现实。深高（集团）的老师更深刻地认识到了"亲其师，信其道"的魅力。

（九）有效地整合资源，办出学校特色，形成校园文化

教学工作与学生工作相互了解、相互渗透，教师队伍与学生工作队伍相互理解、相互支持，同时有效地整合了资源，办出了学校特色，形成了校园文化，并潜移默化地影响广大师生。

三、成果汇报

（一）导师篇

全员育人导师制，谱写教育新篇章
——浅谈对全员育人导师制的体会认识

全员育人导师制是按照对学生"思想引导、心理疏导、生活指导、学习辅导"的总体要求，动员全校教师的力量，整合各种教育资源，把思想教育与知识传授相结合、共性教育与个性教育相结合，促进学生全面发展的一项制度。

本学期，我担任高一23班14名学生的导师，同时也是深高（集团）的班主任导师。结合学生的性格特点、学科情况及特长等，深高（集团）为每名同学分配了导师。导师都很认真、负责，不管在课上还是课外，在学校经常能看到导师以多种方式与学生进行交流，走进学生的心田，使学生形成心理上的认同，从而进行有针对性的教育和引导。比如，对于在课堂上容易走神的学生，导师会及时了解原因，并给予方法上的指导；在测试结束后，导师也会引导学生分析试卷；导师还可以帮助学生缓解青春期的情感问题。

我在工作中主要遵循思想教育、心理辅导、学习方法相结合的原则，尊重、理解和严格要求相结合的原则，目标引导、正面教育、协调影响相结合的原则。在育人工作中，我认为首先要以身示范，以自身的人格魅力"随风潜入夜，润

物细无声"，潜移默化地影响学生；要学会寻找合适的谈话时机，根据自己的特点与学生的特点，运用有特色的交流方式，比如书信评语、网络联系等，真诚地与学生谈话交流。

学生的学习、心理压力都很大。他们经常需要释放情绪。在很多时候，学生能够与导师主动交流，想跟导师说说自己的想法与感受。因此，导师在与学生交流时不能只想着向学生灌输点什么，更需要的是听听学生想说点什么。导师要在听的过程中开展必要的分析，研究相应的对策，指点迷津。导师不能先入为主，要在交流过程中引导学生自我教育；要创造条件，培养学生自我评价和自我认识的能力，激发学生自我调节的内部动力。学生通过对自己心理和行为的调节，实现了自我教育和自我管理的目的。

对学困生和有不良行为习惯的学生，导师要侧重于心理教育与辅导。他们可能会有其他方面的爱好和特长，导师要经常给学生创造展示的平台和机会，要多加鼓励引导。学困生容易自卑，甚至丧失学习信心。导师要教学生进行积极的心理暗示，告诉自己"我能行"，并正确看待竞争和考试。导师要通过设置一些难度一般的问题，鼓励并表扬他们的成绩，重新树立他们的学习自信。导师要对有不良行为习惯的学生多加引导和督促，当学生改好时要及时表扬、奖励，鼓励学生树立信心，让学生相信自己可以更优秀。同时，我会定期通过与家长沟通来了解学生的学习、思想动向，并把学生的信息反馈给家长，与家长共同促进学困生的学习。

全员育人导师制促进了教师和学生的"双赢"，教师经过实践磨炼，专业素质不断提升。同时，我不仅把"全员育人"看作一项日常工作，也把它当成一个研究课题。我对引导过程与效果进行记载、分析，撰写个案分析材料，定期开展研讨，促进理论与实践上的结合与完善。全员育人导师制突出"以人为本"的现代管理理念，尽一切可能关注人的需求，能够作为推进个性化、亲情化德育工作的一个有效载体。全员育人导师制强调个性化、亲情化、渐进性、实效性原则，因人而异，尊重个性，面向全体，着眼于学生的整体成长发展，关注学生的精神生活质量与个性化学习需求，满足不同学生多样化发展的需求，让每一名学生张扬个性、享受成功的快乐。

全员育人导师制心得体会

上学期，我担任高一21班13名同学的导师。学校也对我们这些教师进行过专门的培训，使我们对"育人导师"有全面的认识。

第一，育人导师是学生敬仰的对象。育人导师必须用人格魅力打动学生，有所长，也有所教，更有所启发，使学生有所收获。这就需要每位教师不断提高自身素养，使自己在学生成长过程中能够成为学生学习和生活的榜样。

第二，育人导师要努力成为学生最值得信赖的人，努力成为学生的朋友。导师要与学生进行平等的交流，倾听学生的心声，做学生的心理辅导师。除了对学生进行学习辅导外，还要想办法为学生营造宽松的心理环境，使学生愿意和自己进行交流，帮助学生缓解学习压力、消除心理障碍。

第三，育人导师在生活上要无微不至、犹如父母一样地照顾学生。学生在学校，远离父母，在生活中难免遇到一些困难。育人导师一定要力所能及地照顾学生，让学生感受到关爱，增进师生感情。育人导师除了要与学生进行交流外，还要不定期地与学生家长进行沟通，谈谈学生在学校的表现，询问学生在家里的表现，与家长探讨教育孩子的方法。这样一来，导师就能更全面地了解学生的情况。

一个学期以来，从学生的日常学习习惯、学习方法到人生理想，甚至到学生的家庭生活与业余爱好，我与学生的交流涉及方方面面。我对学生的关心也由责任逐渐转化为感情，慢慢地将教学范畴扩展到思想引导、心理疏导、生活指导和学业辅导等各个方面。

在平时，我会观察学生在学校的表现。只要学生的情绪出现了波动，我都会把学生叫出来与学生面对面地交流，与学生谈心，分享高兴的事，帮他们排解忧愁。在交流结束后，我会及时整理并记录在成长手册上，以备查阅。每个月，我都要找两名学生向我汇报他们这一段时间内的思想变化、学习状况，并且及时记录下来，这样学生的成长记录就一目了然了。当然，我也要求学生记录他们在一段时间内的进步情况，时时督促他们自己进步提高。就在这些平时的接触中，我与学生建立了深厚的师生感情，也深深地感受到了自己的价值。

总之，经过一学期的实践，我觉得全员育人导师制效果非常显著，它不仅督促教师不断成长，而且使学生健康快乐地成长。

我的导师制
——陪伴、信任、微笑

"师者，所以传道受业解惑也。"我，对 21 班的孩子来说，既是物理老师，也是 21 班的班主任，更是这帮孩子的"带头大哥"。全员育人导师制是深高（集团）东校区的一大亮点和特色。我不仅是年级分配下来的九个孩子的导师，更是整个 21 班的导师。21 班的孩子都是我的育人对象，一个都不能落下。

陪伴是最长情的告白。我每次都参加班级的各种活动。当举办班级篮球赛时，我每场都到场，站在场边，跟着学生一起呐喊、一起加油，为孩子的每个进球喝彩，为每一分的丢失而紧张，为每一场的获胜而欢呼。记得在 21 班孩子跟 24 班孩子打比赛的时候，张同学因对手的恶意犯规而受伤倒地，陈同学着急地找裁判争辩，为张同学鸣不平。我默默地走过去，拉开了怒气满满的陈同学，与陈同学一起扶张同学去校医室就诊。我无法替你承受伤害，但我会陪在你身边。

信任是最彻底的认可。21 班的卢同学因家庭原因一直处于自我封闭的状态，平日里跟老师、同学拉开一段距离，显得有点陌生，融不入班集体。当校田径运动会召开时，班级需要采购班服。刚开始，我将此事交给卢同学处理。卢同学怯怯地说："老师，我怕我做不好！""你能做得好的，我相信你！"一次相信换来了一份认真和一个孩子的认可。

我会陪伴你度过高中三年时光，相信你能做好每一件事情，我们一起微笑面对任何困难！

浅谈我的导师制工作

全员育人导师制是深高（集团）在德育工作方面的探索，从第一届学生至今已有三年。入职东校区后，当听到东校区也在开展全员育人导师制时，我内心振奋。除在书中了解到北京十一学校有此制度外，我还是第一次听到有其他学校在实践导师制。我乐于看到此类对学生成长有莫大帮助的制度在更多的学校得到探索。

我在本学年刚接手高二 25 班的时候，就在学生处和年级的统一部署下，开展了本班级全员育人导师制的工作。这项工作可以总结为两个方面：

第一，师生的搭配。由于全员育人旨在增强学生对学校的归属感、认同感，为学生在学习、生活、成长中配备专门的领路人，因此学生对教师、对学科的有差别青睐是值得考虑的要素。在实践中，我首先根据科任教师任教班级的人数，计算每位教师在我班辅导的学生人数；随后在学生中发起"我来选导师"的活动，让学生自主选择自己想要搭配的教师，如果出现名额超限的情况，那么就采取抽签方式，没抽中的学生可以继续在"余额"中选择喜爱的教师。通过这项举措，学生基本都能选到自己相对青睐的教师。这项措施在客观上为活动的开展、学生的成长奠定了基础。

第二，活动开展的效果。从学生和科任教师的反馈来看，我班全员育人导师制工作开展有序，取得了不错的效果。不少学生通过与教师谈心、共同用餐、运动等方式分享快乐，宣泄情绪。学生多了一个关系亲密的教师，其心理得以健康发展。通过科任教师的努力，我班在有针对性的学习辅导上也有不小的成就，一些学生主动选择薄弱科目或相对优势科目的教师作为自己的导师，或补短，或扬长，其学业明显进步。

作为导师个体，我在工作中也有一些反思和感悟。

首先是学校师生比例较小，每位导师需要辅导的学生过多，客观上减弱了导师制的实施效果。有部分学生不认同导师制，可能会存在心理抵触情绪。在接下来的工作中，我需要进一步了解学生的实际需求，采取更人性化的措施，提高全员育人工作的实际效果。

其次，我是 25 班的班主任，对 29 班、31 班所辅导学生的关注程度和交流频次都比较低，因此在新学期我应当吸取教训，与学生约定就餐或运动时间，并将其作为制度性措施进行落实，切实履行导师义务。

相信在学校领导和全体教师的不懈努力下，深高（集团）的全员育人导师制一定会越来越完善，给学生成长带来更多的帮助！期待全员育人导师制成为深高（集团）的一张名片！

全员育人导师如何有效追踪学生身心发展

作为东校区第一批研习坊的主持人，我主持的课题"全员育人导师如何有效追踪学生身心发展"刚好和全员育人工作有关。下面，我根据研习课题总结全员育人工作。

经学校心理老师李老师的推荐，我将王极盛的心理健康量表用于学生测评，这既方便我掌握学生的性格特点和心理特点，又可以让我的全员育人工作更高效。这个量表所体现的数据有相当一部分可以帮助我找到学生的潜在问题。我可以通过让学生填写这份权威的心理健康量表，帮助学生预防心理疾病，以便更有针对性地与学生沟通。

2019 年 11 月中旬，我把这份测量表发给全班学生。学生做完后，我就处理数据，进行整理，并比对平时与学生接触时的感觉，对每名学生进行分析。对于数据的处理，我主要采取几个措施：第一，出于伦理性，数据不能外传，只能由自己保存。第二，由于自己不可能顾及全部数据，因此只能处理教师专业的部分。第三，对于数据中的"抑郁"和"焦虑"因子，自己不会随便给学生贴标签，因为这样做反而会给他们逃避学习和困难提供借口。第四，自己可以进行正面教育。此外，我还对数据做了以下处理：对比较敏感的因子，我就自己记着，选择性地跟各位老师沟通、提醒；对比较典型的学生，我就跟他单独沟通；对全班大部分的情况，我就开班会，有针对性地给孩子们进行指导，必要时请心理老师李老师进行专题讲座。由于那时候恰逢期末考试，班里大部分学生比较浮躁和焦虑，因此我在期末考试前的最后一次班会课上引导孩子们正确看待焦虑。在这个过程中，我不仅积累了很多心理学的相关知识，而且积累了大量处理问题的经验。这无疑是无价之宝，让我在磨炼中成长。

随着 2019—2020 年度第二学期的结束，我的研习坊工作也暂告一段落。我总结了一套有助于班主任或导师迅速掌握学生情况的方法。这套方法就是先测量—沟通—再测量—再沟通，测量的周期可以慢慢加长。此外，一次实验的周期很长，因为从发现问题到辅导学生这个过程需要时间。教育具有效果延迟性的特点，需要我更有耐心。但当我看到自分班以来孩子们的成绩稳步上升，整个班级逐步走上正确的轨道时，我就觉得一切都是值得的。

浅谈我的导师制工作

自学校开展全员育人导师制工作以来，高二 32 班有条不紊地实施这项制度。从实施效果来看，全员育人导师制不仅是加强师生交流、增进师生感情的有效途径，更是促进学生全面发展的可靠保证。作为班主任，我将从以下三个方面来谈谈我的导师制工作：

导师制下合理分配学生的问题。我调出分班后几次大考的成绩，根据我班选科（历政地、历政化、历政生）情况将学生分为三大组块，将每组学生中综合六大学科较为靠前的 20 名同学均分至高考六大学科老师手中；再根据不同组合中学生的学科薄弱程度和学生的高考意向（有艺术方向）将其余学生分至各任课老师，确保导师制能够帮助学生提高学科成绩，增强学习兴趣，提升学生的内在自信心。

导师制下师生交流和师师交流的问题。每周我会不定期和学生进行交流（内容包括本周学习情况），并适时提供方法上的指导，同时给学生制定长期的学业规划，让学生对自己的人生有一个清晰的认识和努力的方向。我也会和本班各科老师探讨导师制实施方法，积极取长补短，不断优化自身的工作。

导师制在实施过程中取得的成效和不足。导师制的成效有以下几点：首先，在以学生各科成绩为分配原则的前提下，通过对比我发现在近两次的大考试中，部分学生所分配到的导师所任学科成绩进步明显；其次，师生关系更加融洽，提升了课堂效果，部分学生在单个学科进步的情况下找到了学习的乐趣和方法，这也能提升其他学科的成绩；最后，部分同学通过导师在人生方向上的指引，明确了自己的努力方向，改正了不良的行为习惯，整体班风也随之改善。但同时，导师制在实施过程中也存在一些不足。比如，导师和学生由于时间未协调一致而不能一起进餐、部分学生的行为出现反弹等现象时有发生，这些都需要经过后期不断实践来完善。

全员育人导师制是德育工作的一大亮点，它可以切实让老师在学习和习惯上帮助学生，促进学生全面发展。我相信在师生的共同努力下，全员育人导师制一定能全面开花结果，使学校素质教育迈向新的台阶。

对全员育人导师制的认识体会

"春蚕到死丝方尽，蜡炬成灰泪始干。"丝尽泪干并不可怕，可怕的是不知丝尽泪干得是否值得。教师不能一味付出，付出当然很重要，但实现效益最大化的付出才是现代化、信息化社会追求的目标，全员育人导师制似乎在这个问题上给出了一定的答案。

全员育人导师制突出"以人为本"的现代管理理念，尽一切可能关注人的需求，一方面从"尽"上看出专业化要求，另一方面从"人"上找到了教育工作真正的核心与根本。由于接受了导师身份，我开始在身份认同方面进行关于制度的研究和思考，并得到以下两点认识。

全员育人导师制的出发点在"全"。一个学校的学生少则数百，多则上千，乃至上万。现有的班主任班级负责制虽然最大化地解决了学生的管理问题，但是一个班主任教育众多学生肯定不能做到面面俱到。无论是在德育方面，还是在能力提高方面总是存在看不到的死角，这个死角还很大。因此，传统的学校教育面对"一切为了学生，为了学生的一切""以学生的发展为本"的新课程改革理念时显得更加苍白。"全"，最大限度地调动了全校的教师资源，从让五六十名学生乃至更多学生面对一位教师，到让七八名学生乃至更少的，甚至每名学生最大化地被笼罩在教师教育的光环之下。无论是从数字比例上看，还是从实际效果上看，一个"全"字不仅让每一名学生真正变成学校的主体，也让那个本来在一群学生中很不起眼的"一个"变成了主角，变成了教师眼中的"焦点"。

全员育人导师制的落脚点在"育"。无论是传统的教育模式，还是全员育人导师制，归根结底还是要去教育学生。全员育人导师制除解决了班主任精力不够的问题外，还使得班级科任教师从以前单纯教授知识的教师身份转变为知识与品德同授、学习与生活兼顾的朋友身份，最大限度地提高了科任教师对学生的了解程度，对学生各方面能力的提升也起到了促进作用。另外，每一位班主任的管理风格和教育风格都不同，班上的同学对此可能适应，也可能无法适应，而"育"的多元化则避免了这方面的问题。

知易行难。一个学期全员育人的具体实施工作使我有了如下认识：

第一，"关心"和"理解"是关键。在关心学生方面，要从思想、生活入手，了解他们的真实想法，进行有针对性的引导，帮助他们树立正确的观点、崇高的理想，并将其内化为学习的动力。在理解学生方面，要做到换位思考。当学生暴露出问题时，不能横加指责，而应先表示理解，让学生发自内心地认可你，之后再稍加引导，如此一来，效果立竿见影。

第二，"关键期"是重点。导师制工作不在于频率的高低，重在关键期的及时抓紧与落实。在入学前两周，学生思想不稳定，出现纪律等各方面的问题。对此，应增加工作次数和加大工作力度。在考试前，学生产生焦虑情绪。对此，要给予学习指导、心理辅导。在考试后，学生中不乏大喜大悲者。对此，要给予安抚、关注。放假前是学生最容易彻底放松的时刻。学生的学习效率不高。对此，要及时进行心理调适和必要的学法指导。

在这些关键期，教师若给予及时的关注和引导，排遣学生的烦恼，调整他们的状态，那么对学生的全面发展是非常有用的。

第三，"学困生"是难点。学困生不仅是学习上存在困难的学生，也是在性格、为人处世方面存在缺陷的学生。他们的困难更多地来自错误的认识和做事的方法。作为导师，我们要将学科知识和处世经验教给相关学生，并时时帮助学困生养成良好习惯。好习惯是成功的一半。

当下进行深刻全面的回顾与总结是为了走好后面的每一步。全员育人导师制并不是没有问题，但是我相信它会逐步完善。而作为这一过程的见证者和参与者，我一方面深感荣幸，另一方面也时刻牢记自己的职责，做好本职工作，为学校教育事业献上自己的微薄之力。

对全员育人导师制的体会和认识

高一学生进入校园后，在学生处的大力组织下，深高（集团）高一年级开展了全员育人导师制这一活动。

学校的全员育人导师制把学生分成若干小组，要求全体教师参与育人工作、担任导师，规定每位导师负责一个小组。全员育人导师制要求全体教师关注学生，参与学生从入学到毕业的整个教育过程，从学习、生活到德育的各个环节，对学生的教育要有整体性和一贯性的观念，自始至终都不放松对学生的教育和指导。

我班共有 52 名学生、5 位导师。导师所担任的学科有数学、生物、体育、通用技术、美术。按教学时间来分，我班导师有以下几类：刚毕业的年轻教师、毕业 3—5 年的教师、从教 12 年的教师。导师有男有女。导师的性格有沉稳的，有热情开朗的，有细腻的。总之，我认为我班的导师团队是一个合格的团队，是一个充满朝气和干劲的团队，是一个踏实认真的团队，是一个热爱学生的团队。

出于对学生的性格特点、薄弱学科等各方面的考量，我对学生进行了精准的分组。在学生和导师见面的那节德育课上，学生异常兴奋和期待。那节德育课就成了学生和导师交流的开始，就成了导师精准施教的开始，就成了学生有自己导师关爱的开始。

半年来，导师们采取各种方式对学生进行教育：期中考试后的促膝长谈、学生心理有波动时的鼓励和劝导、学生就医时的陪伴、食堂里陪餐的身影。

这半年，在导师的教育下，学生在学习、生活等各方面都有明显进步。有的学生成绩突飞猛进，有的学生思想觉悟得到了很大的提升。

希望全员育人导师制能稳步推进，学校也能继续开展这项活动。

对全员育人导师制的体会

说实话，刚开始我对全员育人导师制的了解不是很深刻。在我的初印象中，全员育人导师制让一个班多了好几位班主任，在一定程度上减轻了班主任的工作负担。比如，假如班主任和 A 学生谈心，当班主任发现效果不佳时进而寻求其他导师的帮助，那么可能会有意想不到的效果，从而使得班集体更具凝聚力。同时，在我的初印象中，全员育人导师制还肩负着提高人人都有做优秀班主任的可能性的重任。毕竟深高（集团）东校区里有很多年轻教师，而年轻教师有很多东西需要学习。所以，学校可能基于这一点，让新任职的教师可以通过全员育人导师制对班主任工作有一定的认识，从而迅速成长起来。而实际也证明了，深高（集团）东校区无论是班主任，还是科任老师，对待学生的那份爱都不普通。那一个个晚上在办公室加班的身影，那一个个晚上在教室外面单独辅导学生的背影，那一个个在饭堂找学生谈心的模样，无一不反映着全员育人导师制在背后起到了无形而重要的推动作用。

但是，最近我又有了新的认识与想法。随着新高考改革的推进，深高（集团）的教师无一不需要"升级"——从课程导师转化成人生导师。我觉得深高（集团）每一位教师都应该在学生的职业规划上进行相应的培训指导。一来，可以帮助教师这个职业进行转型、深化；二来，有助于学生对职业生涯，甚至人生进行规划。最近，我看了一个关于班主任培训的视频，这个视频点醒了我。每名学生的分科、选科应该是基于他对未来职业的选择。比如，有些学生认为读了物理专业后可以有很多职业选择或者出于从众心理，因此选择读物理专业。其实，这些学生对自己的人生根本就没有一个清晰的认识。在这个时候，他们就很需要一位人生导师。这位人生导师应该根据孩子的性格、兴趣等，分析孩子适合什么类型的工作，从而帮助孩子挑选大学专业，辅助孩子进行高中选科。而在这个时候，全员育人导师制理应发挥作用，给学生提出较长远的规划。但是深高（集团）里很多教师的推荐都是基于分数、排名，实际上这并不科学，学校并未完全地从学生角度思考问题。而且，到目前为止，学校并没有在职业生涯规划这个方面对老师有一个全面的培训。因此，我希望学校能多提供关于这方面的信息。

总的来说，全员育人导师制势在必行，其发挥的积极作用也不容小觑。在邵校长的带领下，全员育人导师制一定能使教师受益终生，深受学生与家长的喜爱！

对全员育人导师制的认识与感悟

新课改对中学教育提出了全新的要求，也对教师的德育工作带来了新的挑战。改进教师的德育工作，已成为深高（集团）教育者的共识。如何开展德育工作？如何改变学生的不良习惯？如何让全体学生都得到全面发展？对此，深高（集团）做了深入的思考和研究，并在总结以往德育工作的基础上积极探索与新课程理念相适应的新型德育管理模式，提出在全校范围内实施全员育人导师制。学校成立了以班主任为核心、以任课教师为成员的导师工作组，在学习、生活、品德、心理等方面为每一名学生提供全方位、个性化和亲情化的指导和帮助；在全校教师中树立"每一个教育工作者首先是德育工作者"的理念，形成全员育人、全程育人、全方位育人的良好育人模式，使德育与智育有机结合起来，营造和谐的育人环境，促进学生的全面发展。

德育是全方位的育人过程。学生良好品德的形成，并非一朝一夕所能完成的，而是依靠良好的育人环境和氛围，在潜移默化中实现的。下面就深高（集团）践行的全员育人导师制，谈谈我对这项工作的认识与感悟。

一、强化育人意识，着力培育责任感

（一）树立"每一个教育者首先是德育工作者"的理念，强化育人意识

教师的教育对象是学生，教师的根本任务是教书育人。学校推行全员育人导师制，旨在引导教师以自身的高尚思想、良好品质和优良作风影响学生，发挥教师言传身教的作用。每位教师都担任导师，人人肩负起育人重任。这既让每位教师成为学生在学习、生活、心理等方面的导师，也让每一名学生能在学校中找到一位值得信任、钦佩的教师和可以与之促膝谈心的知心朋友。

（二）建立新型师生关系，形成服务意识

能否为所有受教育者提供优质服务是衡量一个学校优劣的标准之一。把爱心献给每一名学生是最有效的教育服务。深高（集团）引导每位教师更新教育教学观念，旨在建立平等、和谐、温馨的新型师生关系，提供适合学生身心健康发展的教学方式，尊重学生的成长需要，树立"每名学生都是相对的独立体，既要全面发展，又允许个性发展、专长发展"的培养意识，更好地为每一名学生提供优质的教育服务。

二、明确育人职责，做学生的良师益友

导师是学生树立人生理想的引路人，是学生思想成长的培育者，是学生心理健康的维护者，是学生全面发展的辅导员。在参与全员育人的过程中，深高（集团）要求教师以身作则、为人师表，关心爱护每一名学生，做学生的良师益友，

并明确了每位导师的工作职责。

导师的工作职责有以下几点：

1.对受导学生进行思想政治教育和道德品质教育，保护学生的心理健康，教育学生爱党、爱国、爱学校、爱生活，培养学生良好的道德品质和心理品质，帮助他们养成良好的行为习惯，使他们争做遵纪守法、明理诚信的好学生，并根据不同学生的个性需求，采取个性化、亲情化的教育方法。

2.教育受导学生努力学习科学文化知识，帮助学生不断明确学习目的、进一步端正学习态度，辅导学生掌握正确的学习方法、努力提高学习成绩。

3.经常与受导学生家长联系，积极争取家长在教育学生工作上的支持。

4.与班主任及任课教师经常交流，并对受导学生的操行品德及评定提出意见。

5.为学生做好成长档案记录，如活动记录、谈心记录、家访记录等，及时积累并撰写德育导师案例或论文。

最后我想说，来自不同家庭的孩子有着不同的特点：有的活泼开朗，有的沉默寡言，有的刻苦勤奋，有的好逸恶劳……这些迥异的特点一经形成则很难改变。仅靠课堂教学和课间的时间，教师很难了解学生的内心和家庭状况，更多的只是根据学生的学习态度、学业成绩、课堂行为表现来评价学生。因此，应倡导教师蹲下身来平等地与孩子交流，细心品味孩子的内心感受。那些家境不好、性格内向、缺少自信的孩子更需要教师的关爱、理解和帮助。只有教师走近他们、关爱他们，才能让他们信你、敬你，愿意在你的引导下健康快乐地成长。

全员育人导师工作总结

我来到东校区后，学校委以重任，让我担任高一28班的班主任。一名学生对一个班级来说，或许只是"五十分之一"，但对孩子的家庭来说，这个孩子就是"百分之百"。每位家长都希望自己的孩子被关注，也深知传统的只依靠班主任的育人方式会忽略一些学生，深高（集团）的全员育人导师制成为班主任育人工作的有效补充，让教师人人做学生的成长导师，让每名学生受到关注、关爱。学生有了可以倾诉的教师，学校德育工作的力量也得到加强。学校全员育人、全程育人、全方位育人落到实处。

在年级的统一组织下，作为班级导师组的组长，我把班上个性比较鲜明的学生分配给自己。在全员育人过程中，我注重从以下几个方面加强对学生的引导：

第一，思想引导。开学第一次的班会课非常重要，旨在培养学生自尊自爱的精神、自我约束的意识和良好的道德品质，教育学生遵纪守法、关爱生命、热爱生活、热爱学校、热爱班集体。在了解学生的性格特征、行为习惯、道德表现的基础上，我通过与学生的思想交流及时了解学生的思想动态，对学生的错误思想及时纠正，对学生存在的不良行为和不良习惯进行诊断分析，启发引导学生认识自身存在的问题，帮助学生培养良好的道德品质和行为习惯。

第二，心理疏导。高中生正处于从心理不成熟逐步走向心理成熟的阶段。在平时的班主任工作与育人工作中，我不但关心学生的身体健康，更关注学生的心理健康，促进学生身心的和谐发展，加强学生的抗挫教育，激励学生自立、自强、自信，培养学生健全的人格、积极的心态和良好的个性品质。

我针对不同学生的心理特点，以书面交流和面谈的方式与学生沟通，鼓励学生表露自己的心理困惑、主动寻求帮助，及时帮助学生缓解心理压力，加强学生与人交往沟通的能力，提升学生的社会适应力和环境适应力，增强学生对失败、挫折的心理承受能力。

第三，生活指导。高中生具备了一定的生活自理能力，但相当多的学生由于是独生子女，从小受到父母的溺爱，因此生活自理能力相对较差。深高（集团）的学生全部是寄宿生，学校对学生的生活自理能力提出了较高的要求。深高（集团）的学生大多是第一次寄宿学习，在生活上有些不适应是很正常的。例如：开学初有的学生不想排队打饭，就吃泡面，早上起晚了就买个面包吃，甚至不吃早餐；有的学生由于完不成作业，晚上就在寝室卫生间写作业写到深夜。作为班主任、导师，我关心学生的生活，帮助学生适应学校生活，引导学生养成健康的生活习惯、学会独立生活，让学生建立有利于促进身心健康、提高学习效率的生活作息习惯。

第四，学习辅导。作为班主任、导师，我遵循因材施教的原则，指导学生制定适合自己的学习目标，让学生学会规划自己的学习进程、了解各学科的学科特点并掌握学习方法，提高学生的学习效率，指导学生选课，引导学生端正学习态度，要求学生勤奋学习；培养学生独立思考、分析问题、解决问题的能力，指导学生高效、有效地提问题，使学生做到三思而后问、问后要内化；定期帮助学生进行学情分析。

针对以上这些育人工作，我采取的工作方法主要有：

1."身教"育人。用自己的言行举止、对人对事的态度潜移默化地影响学生的行为习惯、道德品质、心理品质。

2.交流谈话、心理相容。

以多种方式与学生进行交流，走进学生的心田，让学生建立心理上的认同感，达到心理相容，从而进行有针对性的教育和引导。教师要根据自己的特点与学生的特点，运用有特色的交流方式与学生沟通。我主要选择面谈和书面交流这两种方式。

第一，书面交流的方式可以让学生有准备地把自己的情况写下来，并告诉教师。这些情况可以包括学习情况、生活情况、同学之间的交往情况等。第二，在考试后让学生进行反思总结，而不仅局限于成绩退步导致的失落，而且要更好地引导学生正确认识考试、查找问题。同时，教师要进行心理疏导，鼓励学生，给学生建议，让所有的学生都能得到老师的指导。

在今后的育人过程中，我将继续落实学校和年级的安排，将全员育人落到实处。

对全员育人的认识

全员育人是深高（集团）校长邵爱国同志在新时代、新形势下贯彻落实以人为本、旨在培养综合素质全面发展的创新型人才的创新培育和管理机制，是深高（集团）全面覆盖、推广和运行的有效举措和传统特色。全员育人将导师制从高校引入中学，探索了以教学为中心，以学生的特长、个性发展为主线的新的教育方法和途径。"教师人人是导师，学生人人受关爱""学生有可以倾诉的教师，教师有牵挂的学生"……这些理念让学生和教师在教育教学中融为一体，让教育充满动力和活力，让学生爱学习、老师爱教育。

全员育人中的"全"字有丰富的含义。

首先，全员育人要求全体教师都是教育教学的实施者，是关爱学生、指导学生、倾听学生的主体。所有教师都发挥着班主任的作用，打破了传统教学中科任教师侧重于教学的局限，肩负起真正的育人使命，都有全面发展学生的成就感。全员育人让所有学生都有机会全面汲取不同教师的优点，让教师真正成为完整的教师。

其次，全员育人的对象为所有学生，充分体现和保障了每名学生平等接受教师的全面教育，让所有学生从常规教学到德育、心理健康、为人处世、人际交流等方面都有导师具体、有针对性的引导和帮助。

最后，全员育人是一个覆盖整个学校教育系统的长期过程。导师对学生的指导和帮助是持续不断的，涵盖学生的学习、生活两方面，让学生的发展有方向性、持续性的引导，真正地保证了教育效果。

全员育人是依靠以班主任为核心的包括科任教师在内的教师力量支撑运行的教育方式，在一定程度上弥补了班主任一人负责全班德育工作的不足，让班级和学校的有序运行有了更强有力的保障。

全员育人是连接师生的纽带、增进师生感情的润滑剂，更是学生学习困难中的助推剂。学生通过与全员育人导师的交流，更加明白了教师对自己的关爱和帮助，懂得了感恩，懂得了学习的意义和紧迫感，从而更有学习的动力。此外，学生通过得到教师的及时帮助更加坚定了克服困难的意志和毅力。全员育人不乏导师帮助学习困难的学生增强信心，使其学习成绩逐步转向优异的典型案例。这对育人导师来说是一个极大的考验，需要导师不断地付出艰辛的努力。毫无疑问，良好的师生关系对学生的综合发展起着重要的作用。

尽管全员育人导师制下不同的学生有不同的导师，但这并不意味着学生就要依赖对其负责的导师，疏远其他科任教师。所有导师都是全体学生的间接导师，在教育教学中都要兼顾全体学生的发展状况，班主任更要在总体层面上对全体学生加强教育。

全员育人是家校合作的间接体现。导师对学生的关爱和帮助在一定程度上弥补了家长对学生教育、关爱的不足，也让更细致的问题暴露在教师和家长面前，从而探索出更有效的解决办法。

全员育人是培养人才的有效措施。基础教育的地位和意义与国家对人才的需求决定了基础教育下的学生应该是接受过全面教育、具有较高综合素质的人才。

因此，全员育人导师制在学校、家庭、社会和国家各层面都具有独特的重要意义。作为深高（集团）教育者中的一员，我始终明确全员育人的重要意义，因此也鞭策自己在实际教育工作中时刻严格实施，力图借助这一有效手段不断提升自己。

关于对学校全员育人导师制的几点粗浅认识和理解

当我刚刚参加工作就担任班主任时，我感到既荣幸又不安，起初担心自己没有经验，担心自己不能兼顾班级管理与学科教学。但当我了解到学校有全员育人导师制的时候，在我心里压着的这块大石头终于落了地，因为有好几位教师可以一起和孩子们沟通交流，甚至帮助他们解决问题。在这里，我想表达几点我对全员育人导师制的认识和理解。

全员育人导师制的人员配备科学合理。导师来源于班主任、语文教师、心理教师、音乐教师等。我认为导师可以担任各种角色，例如心理疏导师、学科指导师、职业生涯规划师等，而这最重要的三种角色在班级的导师当中都有很好的体现。

全员育人导师制在一定程度上减轻了班主任的压力。像我这样的年轻班主任，由于没有足够的教学经验，因此在时间分配上会出现一定的失衡现象。但是全员育人导师制的独特作用使得导师能够积极地和孩子们沟通交流。在交流的同时，导师将了解到的情况及时告知班主任，分担了班主任的一些育人工作，使得教学与管理保持一种动态平衡的态势。举个例子，导师李老师由于是专业心理教师，因此，有独特的育人优势。当得知班级里有孩子情绪不稳定时，李老师在第一时间告知了我，这使得我可以及时掌握学生的情况，做好学生、家长、学校三方面的工作。

导师和学生的组合很关键。记得这次分组情况是年级组直接告知班主任，让班主任做好分配工作。但由于我当时对有些孩子还不是十分了解导致分配不合理，因此在以后的导师育人工作中，我首先召开几位导师共同参加的会议，通过交流学生的实际情况进行相应的学生人员分配。

导师的量化安排会起到更好的效果。这一学期事务繁多，使得导师没有太多的时间和孩子们沟通交流。如果导师可以将育人工作的安排进行细化，例如将育人工作列在自己的工作计划表中，规定何时何地与哪个孩子交流哪方面的内容，那么可能会起到更好的效果。我希望学校在每周有固定的时间和场所专门提供给教师和孩子们。

全员育人导师制的体会与感想

我回到东校区上班快一年了。东校区给了我很多的惊喜，让我收获满满。由于学校有很多年轻教师，因此在校区领导的带领下，大家集思广益，开展了很多有助于青年教师成长的活动，比如青年教师讲课大赛、研学坊、讲座、听课研讨等，学习氛围非常浓厚。大家经常讨论问题到很晚才下班。这些都是对教师自身发展有利的举动，而导师制实在是一项促进学生身心健康、学习进步的有力措施。

我最初对全员育人的印象停留在高二刘老师的介绍中，刘老师生动地将她在全员育人工作过程中遇到的问题、总结的成果等讲解出来，给了我很多启发。全员育人是学校为了学生更好的发展，发挥一切可发挥的力量，对学生进行更加细致的了解，以便解决学生在学习与生活中遇到的问题，更好地促进学生的发展而采取的做法。这种做法不仅促进了学生的全面发展，还减轻了班主任的工作负担。

现在我就具体谈谈我是怎样开展导师制工作的。一个班有 4 位导师，按照学生的座位将学生分成 4 个组，每个组 12 人，随机对应 1 位导师。我在班会课上公布了每名学生对应的导师，学生都激动不已。

英语老师娟娟生病休息，杨老师和刘老师带领各自的组员在空教室和办公室开了小会，我则带领剩余的两个组在班级里讨论导师制的含义、和导师交流的方式。这样一来，导师制有了一个完美的开始。

三位老师都没有放松对学生的关心与照顾，都很认真、负责，定期找学生谈话。杨老师本身就是心理老师，所以对学生的了解和辅导得心应手。刘老师有每周二的晚修课，他在上晚修课的时候经常把学生喊到教室外进行谈话。学生对刘老师的喜爱度、欢迎度都很高。当然，最受欢迎的还是英语老师娟娟。由于娟娟老师的办公室就在三楼，因此她去班里非常方便。如果你晚自习去教室找不到学生，那么很大可能就是被刘老师喊去谈话、辅导了。刘老师特别爱岗敬业，她给学生买零食，给每个孩子写明信片，是学生心中的天使老师。感谢这三位老师对学生的热爱！他们时刻记挂着学生，有问题也会第一时间跟我讲，我们携手促进学生的全面发展。

而对于小组内的 12 名学生，经过细心的聊天和平时的观察，我发现每个学生都或多或少有些小心思。在成绩上，有数学成绩很好的，经常考第一名的，也有数学成绩很差的，经常考倒数第一的；在行为习惯上，有平时在班级里默默无闻、基本上看不到她和别人说话的，也有上课经常打岔、接话茬、闹腾的，还有经常上课迟到、睡觉、爱说话的学困生。但是每个问题都有其产生的原因。通过和学生聊天，我能够找到问题，分析问题，解决问题，促进学生更好地学习。

通过实施了半学期的导师制，我收获很多。虽然这里的导师制并不像大学里的导师制，但是我相信在这种制度的影响下，学校肯定能更好地促进学生的发展，帮助学生取得更好的成绩。我相信在各位老师的努力工作下，东校区也能越办越好。

全员育人工作心得体会

结合校区特点，东校区推行了全员育人导师制。全员育人导师制是贯彻落实《教育部关于培育和践行社会主义核心价值观进一步加强中小学德育工作的意见》《教育部关于深化课程改革落实立德树人根本任务的意见》的重要载体。在全员育人导师制下，教师在教育教学全过程中发挥着主导作用，对学生实施个性化教育，进一步提高了教书育人的水平。作为一名班主任和 13 名学生的育人导师，我在陪伴他们学习和成长的过程中也得到了一些收获。下面谈谈我的心得体会。

第一，全员育人活动增强了教师的育人意识。

教师是教育教学活动的直接实施者，是促进教育教学活动有效性的关键因素。在多数时候，教师更注重传授知识，而忽视了对学生情感、态度的关注。

全员育人活动的开展要求班主任以及部分科任教师组成班级导师团队，注重与学生谈心、进行及时的交流和沟通。通过个人档案的反馈、个别谈话以及与学生共进晚餐活动，教师掌握学生家庭、学习、生活状况，有针对性地了解每名学生，帮助学生及时解决问题。在这个过程中，教师的育人责任感得到明显的增强。

第二，全员育人活动促进了学生健康人格的培养。

高一新生刚刚开始高中生活，在很多方面还不适应。如何确定三年后的目标？如何了解一个学期后的选科走班情况？如何处理宿舍人际关系？如何适应新班级？如何协调每天每科作业？这些问题都成为学生开始高中生活时面临的困惑。针对这些问题，育人导师分别通过晚自习、课间谈心或者周末微信沟通的方式帮助学生解决平时存在的问题；通过了解学生的未来目标引导其做好选科和未来职业生涯规划，激发学生的学习动力；通过谈心和共进晚餐的活动帮助学生处理人际关系，解决学生学习的后顾之忧，同时也培养了学生开朗和包容等性格。

全员育人活动能够改善师生关系

在平时课堂上，教师更多地以严肃、严厉的态度要求学生。但导师在平时育人活动中，更多地以自己的人格魅力潜移默化地影响学生的人格。导师经常性地与学生谈话，特别是在一些关键期（考试前后、放假前后）和学生进行交流，走进学生的内心，也使学生建立起心理上的认同感。在育人活动的过程中，学生最期待与导师共进晚餐。在共进晚餐过程中，部分导师请学生喝可乐、吃炸鸡，学生感受到了一位和平时不太一样的导师，感受到了导师对他们的关心和温暖，有效地改善了师生关系。但在这个过程中，育人导师要把握好"度"，不能一味地讨好学生，让学生认为导师理所当然地要和他们谈心，要请他们吃晚饭。事实上，这也是一个双向的过程，学生也要主动，也应该经常与导师交流学习和生活问题，以便自己更好地解决问题。

全员育人工作的开展对教师、学生都有重要的作用。但在实际开展的过程中还是要注意避免形式化，不能为了要记录谈话而找学生谈话，不能盲目地和学生谈话,而要带着问题和学生进行交流。当然,全员育人工作刚起步不久,难免会存在许多问题,这需要学校、育人导师、学生共同努力完善,真正发挥全员育人工作的实效性!

全员育人导师制心得体会

全员育人导师制着力于教育理念的更新,旨在通过平等、互动的师生关系转变教师教育方法,提升学生德、智等各方面素质。导师制是一项整体性的工作。这一制度的实践应用促进了教师和学生实现双赢。有效的制度建设促进了教师的成长、学生的全面发展,提升了学校的教育质量,取得了显著成效。主要表现在以下几点:

一、增强教师的育人意识

教师是教育教学活动的直接实施者,是促进教育教学活动有效性的关键因素。在传统的教学模式下,教师以单一地传授科学知识为教学目标,在教学方法上以说教为主,忽略了对学生的情感、态度的关注与培养。因此,师生关系是一种垂直的单向管理,师生之间的平等地位和互动关系缺失,教师育人意识薄弱。由于全员育人导师制的实施,我校教师的教育教学理念明显改变,教师在学生管理中开始注重与学生谈心、及时交流沟通,全面了解每名学生的家庭、学习、生活情况,有针对性地帮助学生解决问题,培养学生健全的人格,教师的育人责任感得到明显增强。

二、促进学生全面健康成长

导师制以一种"全人"教育理念培养学生,提倡教师在关注学生学业进步的同时注重对学生道德、品质的培养,使学生成长为一个自尊、自信、宽容的人,培养学生学会学习、学会生存、学会生活。学校自实施导师制以来,通过教师、学生、家长等各方面的共同努力,学生的各方面素质得到明显提高,导师制得到家长的普遍认同。

三、增进家校之间的紧密联系

美国学者科尔曼提出,学校教育只是影响学生学习成绩的一个很小的因素,学生的家庭背景等更多地影响了学生的学业成绩。这一方面引起了深高（集团）对学校教育的反思，另一方面也启示深高（集团）的学校教育不能走"象牙塔"的道路，要加强与家庭与社会之间的联系，要全方面地了解学生的个人情况并施之个性化的教育。导师制就此做了实践性的探索。

四、改善师生关系

为了使学校教育工作更加深入，学校应进一步更新自己的教育行为、教育理念。

一方面，要"身教"育人、人格熏陶。在育人活动中，教师重视自身的人格修养，注重身教，以自己的模范人格帮助学生树立前进的目标，以自身的人格魅力"随风潜入夜，润物细无声"，潜移默化地影响学生人格的塑造。另一方面，引导学生自我教育。教师要创造条件，培养学生自我评价和自我认识的能力，激发学生自我调节的内部动机，通过学生对自己心理和行为上积极主动的自我调节，达到学生自我教育和自我管理的目的。

谈谈我对导师制的看法

在终身教育和学习化社会背景下，为了加强对学生的理想、心理、学业等多方面的指导，全面提高普通高中生的综合素质，深高（集团）的全员育人导师制应运而生，其指导思想是全员育人。一学期以来，在与学生的相处过程中，我坚持"四项基本原则"。

一是个性化原则。要承认学生之间的个性差异，发现个性，研究个性，发展个性。有些学生在教师、同学面前话不多，学习态度比较好，只是有时有点懒散。这些学生由于初中时基础不好，学习成绩不是很理想，有时会产生自卑心理。在某些事情上，这些学生显露出较强的叛逆心理。对此，教师就和这些学生交朋友、谈心，进行教育，并多次进行家访，进一步了解学生的心理，关心他们的成长。

二是亲情化原则。要建立民主平等的师生关系，尊重学生，和学生交朋友，给学生以父母般的关爱，成为学生的良师益友。针对学生不同的个性，要先从平时下手，从细微之处入手。教师要在平时多关心他们，及时在学习、生活上给予帮助，多找时间陪伴他们，及时纠正他们在学习或生活中产生的不良行为，帮助他们解决各方面的困难，让他们慢慢接受学校、信任学校，让自己成为他们的好朋友。在学校，他们只要有一点点成就，哪怕成就不明显，教师都要给予表扬和鼓励，让他们感受到成功的喜悦。

三是渐进性原则。要遵循青少年学生的身心发展特点和认知水平，循序渐进地进行教育，和他们认真畅谈理想和未来，激发他们的学习积极性和主动性，使他们树立起清晰的生活目标，从而增强学习的原动力。

四是实效性原则。要加强过程管理，健全科学的评价机制，全面、充分地关爱学生，帮助学生学会做人、学会求知、学会健体、学会生活，激励学生健康向上。其实，每项原则都是相互联系、相互递进的。学生和教师经过一段时间的相处后，已经成为好朋友。教师不仅关注他们的学习情况，而且关注他们生活的每一方面，发掘他们的闪光点，让他们对学习、生活都有健康向上的积极态度。

我作为一个班主任，体会到导师制有以下几点好处：

全员育人，形成教育合力。导师制下的每位导师都关心学生的一切，包括学生的思想、心理与行为，而不只关注学习成绩。所有的教师形成了教育合力，都是为了更好地教育学生。

走近学生，改进师生关系。教育如果没有爱，就犹如池塘没有水，没有爱就没有教育。任何说辞都无法打开一颗封闭的心灵，导师制让导师主动关心学生，让学生能够感受到关爱和关心，如此才能开启和学生沟通的大门。亲其师而信其道，教师只有赢得学生的信任才能更好地教育学生。

精准施教，促进学生成才。每个孩子都是一个世界——完全特殊的、独一无二的世界。高中生面临着诸多决策性的重大选择，包括升学与就业、文科与理科、兴趣与学业、专业与职业、理想与现实等各种抉择。教育必须为高中生直面当前现状与关注未来发展提供全方位的支持和帮助，运用尊重学生个体主体性与自主性的方法指导学生成才。导师制让导师全面了解和研究受导学生，使导师针对学生的个性因材施教，制订独特的学习计划，尊重每名学生的独立存在，调动每名学生的主观能动性，发挥每名学生的主体参与性，激发学生发展的内在潜能，培养学生的实践精神和自主能力，促进学生的全面发展和终身发展。

导师制阶段感悟

本学年，我担任高三 27 班的班主任。下面我将对上学年学校实施导师制以来我的感受总结如下。

首先，从工作难度上来说，我感觉自己的工作量有所加大。我一周至少要抽出一个小时的时间，分别对我指导的五名学生进行知识和心理上的辅导，让他们说出自己在一段时间内的收获以及遇到的问题，通过心理辅导真正地了解学生的心声，为自己的教学生涯提供第一手资料，让自己的教学工作能够更加贴近学生。在学校领导的支持下，我为每名受导学生建立了成长档案，记录他们的成长过程，追踪他们的成长轨迹。档案内容包括学生基本信息表、学生阶段目标、师生双向交流记录、老师与家长交流记录等。我还定期与学生以及家长沟通交流，以便及时掌握学生的生活、学习情况。

其次，从班主任的角度来看，全员育人导师制减少了班主任的工作量，提高了班主任的工作效率。以前没有实施导师制的时候，对于班级里的近 50 名学生，我一个人不可能同时照顾每名学生。现在，导师制把班级任课教师调动起来。每位教师负责四五名学生并不是一件难事，只要每位教师都抓好分管的学生，那么整个班级自然而然就好起来了。而我再从总体入手，定期与任课教师交流，这样一来班级管理工作就顺利多了。全员育人导师制实施以后，各位教师积极配合我做好学生工作。无论是上课还是自习，大部分学生都高度自觉，从不让教师专门维护纪律。在这样的气氛下，再调皮的学生也不好意思在课堂上捣乱。班级学习风气浓厚，师生关系融洽，学生成绩也随之提高。

最后，从学生的角度来说，以前是班主任一个人管理所有学生，班主任不可能及时地了解班里每名学生的学习、生活情况；自导师制实施以后，每名学生都受到了关注，每位教师都参与管理，让学生有受重视的感觉，尤其是一些学困生。由于学困生逆反心理较重，因此导师找他们谈话都采取温和的方式，帮助他们解决遇到的问题，提高他们的自信心，打开他们的心扉，让他们找到自身的闪光点，激发他们的上进心。带好学困生，对班级有着至关重要的影响。

总之，自全员育人导师制实施以来，学生面貌得到极大改善，班级里出现新气象，师生关系空前融洽，尊师爱生的氛围更加浓郁，学校的发展得以注入新的血液。

深高（集团）东校区导师制对班级管理的好处

两年前，学校实施了全员育人导师制，即面向全体学生，要求全体教师都做导师，加强教育工作的针对性、实效性和主动性，把育人工作落到实处，构建"管理育人、教育育人、服务育人、全员育人、全程育人"的全员育人导师制。

以前班里一些学生的学习习惯与行为习惯需要得到规范，需要受到督促。以前管理班级就是班主任的责任，由于学生多，学生性格有内向的、外向的，班主任要想做好所有学生的思想工作与学习工作是不可能的。班主任又忙又累，身心疲惫。

自导师制实施以来，在班级建设上改变了过去由班主任一人负责班级管理、教育学生的模式，将学校里所有任课教师都分配到各班级，为每名学生配备导师。导师和班主任一起参与学生在校的生活、学习管理，对学生进行思想引导、学习辅导、生活指导、心理疏导，让教师由学生的"学业导师"转变为学生的"人生成长导师"，引导学生学会做人、学会生存。这样就避免产生班主任由于精力有限，不能及时照顾到每名学生的遗憾，也为学生身心健康的发展起到了及时跟进的作用。

自全员育人导师制实施后，学生在思想和学习上的进步很大。通过与学生的交谈，导师了解了学生的思想情况、学习情况、家庭情况，走进了学生的心灵世界，能够指导和帮助学生解决遇到的困难。同时，学生也向导师吐露心声，这就达到了教育的目的。比如，当班里一名学生跟其导师谈宿舍人际交往问题以及自己的心理状态时，通过导师耐心细致的疏导工作和建议，学生认识到了他人身上的优点，也学会了包容他人。

全员育人导师制是学校班主任工作必要和有效的补充。导师制使所有教师都成为学生的导师，不仅有效地弥补了班主任难以深入到每名学生中的缺陷，而且顺应了个性化教育的发展趋势，使教师的教育工作更具针对性。

（二）生活老师篇

关于全员育人工作的总结

"学高为师，德高为范。"教师是一个神圣的岗位，要求为人师表，时时处处对自身高标准、严要求，做学生的良师益友，对学生在政治思想上起引导作用、在师德上起示范作用、在智能上起培育作用。在实际工作中，我以学生为本，勤奋工作，乐于奉献，锐意进取，努力做到教书育人，不仅赢得了学生的喜爱，也得到了同行的认可。现将本人的工作、学习情况做一汇报。我采取的工作方法主要有如下几点：

"身教"育人，人格熏陶。在育人活动中，我重视自身的人格修养，注重"身教"，以自己的模范人格为学生树立前进的目标，以自身的人格魅力"随风潜入夜，润物细无声"，潜移默化地影响学生人格的塑造。

交流谈话，心理相容。我以多种方式与学生进行交流，走进学生的心田，使学生建立心理上的认同感，达到心理相容，从而进行有针对性的教育和引导。根据自己的特点与学生的特点，我运用有特色的交流方式与学生沟通。如：有意识地将心理健康教育的理论和操作技巧运用到导师制工作中；运用科学的具有操作性的技术来纠正学生的问题行为；通过日记、书信等方式和学生进行"笔谈"，帮助学生解决问题、培养健全人格；通过网上交流，了解学生的想法，为学生分忧。

引导学生自我教育。要创造条件，培养学生的自我评价和自我认识能力，激发学生自我调节的内部动机，通过学生对自己心理和行为上积极主动的自我调节，达到学生自我教育和自我管理的目的。

由于教育教学方法的改变，师生的平等地位得到充分体现。教师和学生亦师亦友，在平等交流中实现了及时的心与心的沟通，彻底改变了传统教育教学模式下教师主导教学、学生被动接受的局面。

全员育人活动有感

我面对的是高二年级的学生，他们大部分处在青春发育期及心理叛逆期。

作为他们生活上的引路人，我永远会在最前方给学生指引正确的方向。

然而，在当前以应试考试为主的升学机制下，学生虽然重视学业、强调成绩，但是忽视了培养自己良好的生活习惯。自开展全员育人活动以来，我认识到培养学生良好的生活习惯、教育学生遵纪守法的重要性。教师只有关心和理解学生，才能走进学生的心田。

一、培养学生良好的生活习惯

每天 6 时 25 分，学校起床铃响，大多数学生听到铃声后能准时起床，个别学生有赖床的坏习惯。针对这些有赖床习惯的学生，我不仅每天督促其准点起床，而且私下找这些学生聊天，讲做事拖拉的坏处，从学校、家庭、社会、学生四个方面教育引导学生。经过一个学期的引导，原来赖床的学生改掉了不良的生活习惯。

二、教会学生遵守校纪校规

虽然学校一直强调学生的全面发展，但还是有个别学生只注重成绩、重视学业，对宿舍区相关的校纪校规明知故犯，有一副无所谓的心态。其实，这样的学生并不是油盐不进，教师必须向其讲明利害关系，在批评其违纪违规行为时要就事论事、以理服人，给予耐心、适度的疏导，让他们感受到信任和关怀，如此一来，一定会有所进步。

三、用关心和理解走进学生的心田

学校制定规章制度是为了保障教育教学工作的开展，创造良好的学习氛围和环境。对学生的错误行为，教师应该给予关注，了解犯错学生的心态及思想，进行就事论事的批评教育。处罚学生不是最重要的。让学生知道犯错的害处，使学生有改正错误的决心，引导学生走向正确的方向，才是教师的职责。

生活老师育人案例

教育是植根于爱的。教育技巧的全部奥秘就在于如何爱护学生。爱是教育的源泉。教师有了爱，才会对自己的教育对象充满信心和爱心。教师不仅要有爱心，而且要把那种爱传达出来。教师只有让学生感受到爱，才能与学生产生心灵的碰撞，学生也才能发自内心地接受教师的教育。在平时工作中，我总是要求自己怀有爱心，用欣赏的目光去关注学生，发自内心地去爱他们。这样一来，教师和学生之间的关系也变得更加融洽。

高一某学生平时散漫，不服从管理，晚上熄灯后要么在宿舍大声讲话，要么在宿舍走来走去。尽管宿舍长多次提醒，他还是不听，依然我行我素，常常因不做值日被扣分。同宿舍的同学都不喜欢他，来向我投诉，表明不想和他一起住。于是，我便找他谈话，希望他遵守宿舍的规章制度，按时作息，让他明白宿舍是个集体，大家要彼此照顾。可他总摆出一副桀骜不驯的样子，口头上答应得很好，可事后仍一如既往，这还真是"承认错误，坚决不改"。有时看到他这个样子，我都想放弃了。但我又提醒自己作为生活老师不仅要培养学生的生活能力，而且要开展德育工作，不能因一名学生无法转化而影响整个集体。为了有针对性地做工作，我拨通了他家长的电话，了解到从小他就和奶奶生活在一起，父母常年在外经商，没有时间管教他，所以他才养成了我行我素的不良习惯。

在调查清楚后，我试着接近他。经过观察，我发现他对人很热情，爱帮助同学。因此，我就找他谈话，鼓励他代理宿舍楼层长，并对他提出要求，让他知道只有先严格管理好自己才能让其他同学信服。通过多次的接触和谈话，我发现他对我越来越信任，经常与我分享他在学习和生活上遇到的事情，在宿舍的表现也越来越好了。

后来，我便加强攻势，经常找他聊天。"你的学习成绩在班里处于中游水平，这说明你不差；舞又跳得好，同学们都很羡慕你。但是你的自制力却令老师很失望。我希望你能遵守学校和宿舍的各项规章制度，平时高标准地要求自己。你很聪明，和大家一起努力，好吗？"他微微一笑，说道："看来我还是有希望的。"自此，每当他有丁点进步时，我便适时鼓励与表扬他。在宿舍的管理中，我也让他逐渐明白为人处世的道理。

通过一段时间的努力，他和其他同学的关系越来越融洽，他所在的宿舍也多次被评为"优秀文明宿舍"……

每名学生的成长都有其精彩的地方，只要教师学会欣赏、付出爱心，他们就会变得更灿烂。

以身作则，言传身教

在当前形势下，我为学校里出现的领导们的抗疫行动，以及其他感人事迹而感动！作为一名生活老师，我深感自豪！

从上学期开始，我有幸加入东校区这个大家庭。我在自己的岗位上发挥个人所长，在与同学们的相处中，起到了应有的言传身教的作用。

生活老师是全员育人中的一员，要了解现代教育中注重师生平等地位、全面发展和有效互动的理念，要通过现有的制度建设，在学生处领导和上级领导的指导下，在工作中促进学生健康成长，帮助学生养成良好的生活习惯。

在常规管理中，我注重与学生交流、沟通，了解每名学生在宿舍的生活情况，有针对性地帮助学生解决问题，培养学生健全的人格。在关注学生进步的同时，我也注重对学生道德品质的培养，使其成长为一个自尊、自信、宽容的人，让学生学会与人相处、学会生活。此外，对特殊的个人实施个性化的引导教育。

我在管理学生的过程中遵循以下原则：

1. 学生的安全永远是第一位的。

2. 尊重、理解、热情期望和严格要求相结合。

3. 目标引导、正面教育、协调影响和坚持不懈相结合。

我采取的工作方法主要有以下几点：

1. "身教"育人、人格熏陶。在育人活动中，我重视自身人格修养，注重身教，以自己的模范人格为学生树立前进的目标，以自身的人格魅力"随风潜入夜，润物细无声"，潜移默化地影响学生人格的塑造。

2. 交流谈话、心理相容。我经常与学生谈话，以多种方式与学生进行交流，走进学生的心田，使学生建立心理上的认同感，达到心理相容，从而进行有针对性的教育和引导。

3. 引导学生自我教育。通过创造条件培养学生自我评价和自我认识的能力，激发学生自我调节的内部动力，让学生对自己进行心理和行为上的自我调节，帮助学生实现自我教育和自我管理的目的。

通过以上方法，我与学生亦师亦友，在平等交流中实现了及时的心与心的交流和沟通，这有别于传统教育模式下老师主导教育、学生被动接受的方式。

当代家庭中的孩子缺乏锻炼自理能力的机会，依赖性强。部分高一年级的学生从未在学校住宿过，对所有的管理条例及规定都感到陌生……开学之初，学生在一定程度上难有正常的饮食和作息时间。这个时间段最考验生活老师的耐心。

生活老师要充满激情地工作，首要的就是要有爱心。不过，爱心也是要受考验的，因为总会有一些不配合管理的学生不肯按时休息，出现不听劝告和影响别人的情况……每到这个时候，我总会有些情绪。但是我会很快让自己冷静下来，先处理好现场，再后续跟进引导和教育。我保持工作激情的不二法宝就是：除了有爱心外，还把学生当成自己的孩子（当然要宽严有度，不能溺爱）。

一个学期下来，每日常规管理有序开展，突发性情况也有不少。最深刻的事件如下：

高一32班的王、毛两名同学发生恶性冲突。王同学性格外向，比较冲动；毛同学偏内向，没有好的生活习惯。平时两人就相处不来。事发当天是周五，要大扫除。毛同学拖地，不小心将脏水溅到王同学身上，而王同学先动手，两人便打起架来了……最后，学校对王同学进行退宿处理。由于毛同学人缘不佳，32班很多同学对处理结果不理解。我告诉这些同学，王同学退宿的原因是打架，而打架属于不可原谅的过错。每个人都要引以为戒！

对此事件后续的跟进行动：1.告诫本楼层所有同学，打架会被退宿，勿冲动；有情况要及时汇报给生活老师，宿舍长要实时留意动态。2.对王同学进行了严肃的批评教育，指出冲动个性的危害，让他明白是非对错。3.对毛同学进行心理辅导，安抚、开解他，同时也指出他的问题。他最后意识到自己的不足，原谅了王同学。

毛同学虽然成绩不错，但是在宿舍的行为习惯不好，总是晚归、晚睡，对自己的行为反省不足。由于他不善言辞，因此与他沟通需要更多的耐心、更多的理解。一次不够，就两次、三次……经过我不断的引导和教育，再也没有同学投诉毛同学在休息时候大声吼叫、影响别人，再也没有舍友反映毛同学晚睡，发出声响，打扰他人睡觉。在内务整理方面，由于毛同学的努力，以及整个宿舍的齐心协力，宿舍内明亮干净，卫生表现突出，拿到了"文明宿舍"称号。

高一 34 班的陈同学不仅马虎对待个人卫生、串房、不按时休息，还不服从老师管理。当我找他到办公室谈心时，他仍旧不以为然。鉴于这种情况，我当即决定让他离开办公室，回宿舍午休，等他冷静时再处理。之后，我马上找班主任了解他的情况，得知这名同学在开学军训时就与教官对着干，个性比较犟、比较自负，在班上也很有个性、不合群。再联系他家长，我了解到这名同学在家根本不听父母的话，家长告诉他要遵守校规，他不接受，还威胁家人，说不想读书了！了解情况才能对症下药。接下来我特别关注他，在他情绪稳定时，先跟他聊他感兴趣的话题——英语（他的英语很好），再谈未来的规划，给予他肯定和鼓励，告诉他现在所有的一切都是给将来做准备。可能是因为真诚打动了他，也可能是因为他想明白了，从此他改变了很多，不再钻牛角尖，性格也变好了，开始主动与人打招呼了，很少再违反内务纪律，人变得上进、积极。因为以后要出国留学，他周末还去补英语、考雅思呢！由于篇幅所限，不再举例赘说。

在学校领导的正确指导下，我在工作中不断学习进步，努力改正自身的不足之处。因时创新，尽力做到最好，是我未来的方向和目标。

平凡岗位育人事例

学校出于对教育的重视，把生活老师纳入全员育人的行列。生活老师既然是育人的主体，那就要承担育人的责任。对育人工作，生活老师能做什么？

首先，要做榜样，发挥示范作用。生活老师的品行、工作态度、工作作风都会对学生产生一定的影响。比如，在跟学生交流沟通时，生活老师要面带微笑。学生还是孩子，当生活老师态度亲切时，生活老师与学生之间心与心的距离就会更近一点，学生在宿舍区有问题时也会主动向你倾诉。为学生排忧解难是服务育人的价值所在。

学校里绝大多数学生是独生子女，他们是在溺爱的蜜罐里浸泡长大的，他们在孝敬父母、尊敬师长、与人沟通方面欠缺太多。

记得临近寒假前的某天，一名学生在宿舍区跟家长打电话，由于某些原因，在电话里跟家长吵起来，其态度相当恶劣。我上前制止他，并说："你现在情绪太激动，不适合再讲了，把电话挂了吧!"学生挂了电话后，我拍了拍他的肩膀，安抚了他一下。在了解情况后，我跟他说："有什么问题可以和父母沟通，但说话语气能不能放平和一点呢? 毕竟他们是你的长辈而不是平辈呀!"学生也意识到自己之前的不当言语，给家长打电话道歉。虽然这看起来是件小事，但是学校无小事，处处是教育。

在 2019 年 12 月的某天，有名学生跑过来跟我说他迫切地要调换宿舍，因为他们宿舍里的人在排挤他，他心情不好很难受。在听完了他的倾诉后，我先安抚了他，随后向同宿舍的同学和周边的同学了解情况，得知这个孩子喜欢打抱不平，但言语不中听，在无形中得罪了不少同学，因此大家都不喜欢跟他在一起。在了解到这些情况后，我及时跟家长和班主任沟通，兵分两路给孩子做思想工作。然后把整个宿舍的同学召集起来，跟他们说："缘分让我们六名同学住在了同一个宿舍。有同学想离开宿舍，是不是因为大家的言行不够温暖与友善，让他想离开? 想离开的同学有没有反思一下自身的问题，想一想怎样才能跟大家融洽相处呢?"通过和家长、班主任的沟通，并多次做同学的思想工作，该生现在能和同宿舍的同学友善相处。

我用心去发现每名学生身上的闪光点，倾听他们的烦恼，陪伴他们成长，在这个平凡的岗位上用爱去育人。

我的全员育人

全员育人需要耐心，内心要如火一般炽热，要对每一名学生负责、为全体学生服务，这样才能燃起学生渴望知识的熊熊之火。激发学生的斗志也是必不可少的，要帮他们树立信心，让他们有克敌制胜的决心。我在高三生活老师的工作岗位上勤勤恳恳、兢兢业业，从各个方面走进学生的内心世界，全方位服务学生，给他们排忧解难，对他们进行心理辅导，尽可能地帮助他们。

在我的工作生涯中，有这样一个事例：

在放寒假前两天的一个晚上，我正在楼道巡查宿舍，发现一名宿舍长带着一个哭哭啼啼的女生向我走来。我关切地把她们叫到我的办公室。宿舍长见到我就说："老师，你给她爸爸打个电话吧"那个女孩还在哭，没说话，在宿舍长简单地帮她述说了事情后，这个女孩才开始诉说内心的委屈。她说她的爸爸说好来接她，现在突然说不来了。她的爸爸一点都不关心她，类似的事情已经发生过好几次了，她很难过。在听完女生断断续续的诉说后，我大概了解了发生的事情，我知道虽然她家的家庭条件比较好，但是父母陪她的时间不多，她很需要别人理解。因此，我就和她从日常的琐事谈起，谈她的日常起居，谈她的爱好特长，谈如何站在别人的立场考虑、理解别人。她开始还很不理解，后来，慢慢地放松下来，开心地和我谈她的事情。她聊起了她的开心、她的难过，她的爸爸、她的家庭、她的朋友。我知道她已经把我当成了朋友。我们很愉快地谈了一个多小时。结束时，她笑着，歪着头对我说："老师，你真好，谢谢你。"

第二天，我给她的爸爸打了电话，并把昨夜发生的事情和家长做了沟通，爸爸也说会再和孩子多谈谈，会多多理解孩子。

俗话说，在其位，务其职，思其政。在工作中，我能以真诚的态度热爱学生，关心学生；在生活中，我能够得到大部分学生的信任，走进学生的内心世界，及时给予学生指导和帮助。学生对生活老师的要求并不高，只要生活老师真心一点，平等一点，多赏识一点，他们就会心满意足。

在以后工作中，我会对全员育人工作更加认真细致，会以校为家，热爱学生，团结同志，在平凡的岗位上不断进取，让自己变得更优秀。

全员育人　全面育人
——我在全员育人工作中的心得体会

教师是人类灵魂的工程师，教师是燃烧自己、照亮别人的蜡烛，教师甘为人梯、默默耕耘。而我怀揣着对教师的崇拜和对孩子们的热爱，在一个偶然的机会下迈进了有着"紫堡"之称的深高（集团）大家庭！

学风优良、学习氛围浓厚的深高（集团）将我这位生活老师纳入全员育人的行列。每当孩子们向我问候"老师好"的时候，我的内心除了自豪，还有一种深深的责任感,这种责任感让我在工作中充满了信心！初入深高（集团）时,我也曾彷徨、迷茫,不仅要适应教师这个身份,还要学会融入同事和熟悉各项规章制度。幸好学校安排了德高望重的方老师、张老师手把手地帮助我。在两位老师的言传身教中,我很快掌握了工作信息流程,明白了工作纪律,树立起正确的工作态度。

爱孩子,就要求教师真诚奉献。尽管每个孩子都有不同的性格,也会犯错,但我仍要用我的爱心、耐心、鼓励的眼神、关切的话语拨动孩子善良的心弦。

对全员育人的理念,我是这样实践的。

在一个周日的晚上,有一位学生家长给我打电话。"是司老师吗？我昨天送孩子回学校,到家后发现孩子的手机不见了,我怀疑是孩子把手机带到学校了。请你对孩子做做工作,让他自觉把手机交给你,就说他妈妈知道他把手机带到学校了！"听完电话已经到晚上十一点了,宿舍已经熄灯,孩子们已经乖乖就寝。现在找孩子谈话一定会影响孩子休息,我决定明天中午找孩子谈话,今晚我就多观察观察这个孩子。经过一晚的观察,我发现孩子们都在安静地睡觉。

次日中午下课后,所有学生都吃完午饭后回到宿舍。我清点完人数,找到了这名学生,并把他请到我的办公室谈话。平时对我很亲切的学生到我办公室也不拘束,我端来两杯茶水,把平日里我吃的零食摆在桌上,开始谈心。

我从他的家庭谈起,说："你爸爸妈妈辛苦工作都是为了你能好好学习。你觉得在深高（集团）学习自豪吗？"孩子点点头,我说："深高（集团）是深圳高中四大名校之一。无论你们在深高（集团）学习,还是我在深高（集团）工作,我们都感到很自豪。你在深高（集团）学习时有优越感吗？"孩子点头说："在深高（集团）学习确实很有优越感,但是同学的竞争感、紧迫感也很强烈。"

在他放下所有戒心后,我直入主题,说："你妈妈昨晚打电话给我,说你在家里用的手机不见了,是不是带到学校了？"孩子低下头,脸突然一红,稍微沉思一下,突然对我说他没带手机回学校,可能是妈妈记错了,放到哪里不记得了。孩子不承认带手机到学校,对此我也有所预料。一个十六岁的少年有很强的自尊心,我知道他心里很挣扎。虽然他一直没有承认,但是我仍耐心地开导。我缓和了一下气氛，说："我还要和你妈妈再沟通确认。你要知道，学校对学生带手机回学校的处罚很严厉，要停宿停课的！你自己考虑一下！"我看了一下时间，发现已经到午休时间了，便说："你先回宿舍午休吧！你回宿舍考虑一下，想起来手机放到哪了，就告诉我。一个小错不要酿成大错，发展到不可挽救的地步。"孩子还是点点头，起身说："老师再见！"等孩子回到宿舍后，我又给家长打了电话，确认手机是不是孩子带到学校。得到家长的肯定以后，我决定晚自习再和孩子谈一次。

中午谈话时，孩子没有承认带手机，这在我的预料之中。我从孩子的言谈表情中实现了我的预期目标。晚自习下课后，我又找这名同学到办公室谈话。

我依然倒了两杯茶水，面对面地继续中午的谈话。我直接对他说："你妈妈已经确认你把手机带到学校了。如果你不交出手机，那么你面对的处罚是停宿、停课。如果你交出手机，那么就算你主动认错。"他沉默了三分钟，我把茶水递到孩子面前，说："喝点水吧！你都长大了，要替家长分忧，要好好学习！"在我晓之以理的劝说下，孩子最终承认带了手机，不过他再三强调他绝对没玩手机，让我原谅他。我说："好吧！我也知道你没有玩手机，你把手机交到我这里，到周五让妈妈把手机带回家。"孩子点点头，回到宿舍，并把手机交给我，交手机时仍再三强调没有玩手机。我说："我知道你没玩手机，你不要有心理负担，勇于承认错误就是好孩子。这次我就原谅你了，你要给我写一份不带手机、好好学习的保证书。"

羞涩和歉意布满了孩子的脸庞。我感到这次事件处理得很好，在没有伤害到孩子自尊心的同时促进了孩子的学习，让孩子懂得尊敬生活老师！

周五，家长带着孩子把保证书交给我，表达了深深的歉意。我只说了一句话："一切都是为了孩子，都是应该的、值得的！"

这件事是我的全员育人工作的一个缩影。我一直通过多种渠道掌握学生的思想动态，采取适合学生心理特点的措施，帮助学生树立正确的思想观念，针对学生的特点，把学生引上正道，寓教育人于各种活动之中，增强他们的纪律观念。一个学期过去了，我所管理的二十四个宿舍一百三十名学生没有再发现带手机的情况。

在学校完善的规章制度的保障下，再加上我对工作的热爱、对孩子们的热爱，我的工作中没有再发生特别的事情。处于青春期的孩子犯点小错在所难免，我相信用爱心、耐心、微笑和关切一定能解决孩子出现的所有问题。

在深高（集团）倡导全员育人、全面育人的大方针大环境下，对于学校的全员育人工作，我信心满满，相信自己能做好生活老师的工作。

希望自己能为深高（集团）全员育人、全面育人锦上添花！

育人

在与学生朝夕相处的日子里，我虽然有点辛苦，但是收获了经验和快乐。现将工作中的一些心得体会写出来，与大家分享和交流。

在我还是学生的时候，我就知道无论是什么学校，在学生群体中都充满各色各样的人，学生除了年龄相近外，都来自不同的地方、不同的环境。在这样的大环境中，有一点是所有学校都一样的，那就是以教书育人为根本。学校在着重培养"根本"之外，应该多去了解不同学生的需求。学校里的这些与学生同吃同住的生活老师无疑是一座很好的桥梁。

首先在教育、管理学生中，安全问题是最为重要的问题。安全工作是首要的工作任务。由于电子设备、刀具可能会对他们的身体造成伤害，因此学校严禁学生带危险、锐利的刀具，严禁学生玩火、玩电、玩水，防止意外发生。除了保证学生宿舍设施设备的使用安全外，生活老师还要注意放学之后至宿舍午休、晚寝这段自由时间经常最后回来的学生，了解其回来迟的原因，观察是否每天都是这几名学生晚回，在有必要时一定要及时联系班主任。在管理毕业班时，生活老师就要注意与班主任、家长保持良好的沟通。根据以往的个人经验，在这段时间，学生以各种理由要求回家的现象开始多了起来。生活老师要问几个问题：是否确实需要回家住宿？放行条批了后是否准时回家？住校时间是不是固定的？这在一定程度上增加了生活老师的管理难度和安全责任。因此，生活老师一定要仔细点名，认真核实回家住宿学生的名单，确保不遗漏任何学生，每名学生都在学校和家长的有效管理范围内，加强和学生之间的沟通交流，做一个忠实的听众，让他们有一个比较好的发泄途径，缓解学生因升学考试带来的心理压力，激励其没到最后绝不放弃的精神。

其次，生活老师要抓好学生的纪律。学生上了一天的课肯定很疲倦，所以一定要确保宿舍安静，让学生好好休息。当学生下课回宿舍后，要不停巡视；要深入关注当日情绪不稳定的学生，当发现学生有心理问题时应及时帮忙解决；要在熄灯前五分钟进行提示，让学生做好睡觉前的准备工作。或许是因为长时间的学习，学生很容易产生烦闷、压抑等不良情绪。特别是临近考试时或各类假期的前夕，这种不良情绪也在不断变化。要适时让学生心理回归平静，可以播放一些悠扬的音乐，这也有利于学生恢复到平和、宁静的状态。有段时间，二楼高三的学生在中午一点左右跟我说楼上偶尔发出的响声影响他们休息。我采取的方法就是迅速向楼上的生活老师了解情况，提醒学生要注意影响。换位思考是一个实际、可行的办法。要人性化管理学生。管理学生既不能丧失原则，又不能生搬硬套；既要讲原则，又要在不违反原则的前提下有一定的灵活性。如此，学生才愿意接受你的管理，不会排斥你，不会形成比较严重的冲突和对立，师生关系才比较融洽、和谐。

最后，生活老师要搞好卫生管理。学生一天都在学校，而学校宿舍卫生对学生的健康会造成直接的影响。生活老师每天都要安排学生清洁自己的宿舍，确保宿舍整洁、干净。

此外，生活老师要注重自我修养，要不断地提高自身的素质修养，可以阅读教育学、心理学等方面的书籍，用晓之以理说服学生；要注重对师德的培养，要有爱心，要把学生当作娇嫩的花朵，不停地呵护，悉心地照料；也要有平常心，以平常心看待挫折与委屈。对屡教不改的学生，不能一味地讲"善"与"慈"，要充分扮演好导师的角色，必须坚守原则，不能打骂、侮辱学生，更不能损害学生的人格、尊严。这就要求生活老师应充分接触、了解学生，掌握他们的性格特征，有紧有松、有张有弛地进行教育。学生工作是永无止境的。我在工作上还有很多需要改进的地方，希望大家在日后的工作中给予支持和帮助。我会不懈地积累行之有效的管理经验，探索教育新方法。

全员育人心得体会

杜甫诗云："好雨知时节，当春乃发生。随风潜入夜，润物细无声。"不入田野，就闻不到泥土的芳香；不深入每一名学生的内心，就听不到真实的声音。作为生活老师，我触摸到的是一颗颗纯真又美好的心灵，听到的是一个个对未来充满希望的声音。我想这也是每位生活老师深切感受到的。生活老师强调个性化、亲情化、渐进性、实效性原则，以学生为本，因人而异，目中有人，尊重个性，面向全体，着眼于学生整体的成长发展，关注的是学生的精神生活质量与个性化学习需求，满足不同学生多样化发展的需求，让每一名学生的个性都得到张扬，使其享受成功的快乐。学生在新的教育管理模式下可以得到全面、和谐、可持续的发展。

作为一位生活老师，我在陪伴学生的生活及成长过程中也收获了很多。下面谈谈我在工作中的心得体会。

一、用关心走进学生的内心

我面对的是高中生，而他们大部分都处在心理叛逆期。他们已经长大了，有独立思想了，心也更细、更敏感了。因此，生活老师要有一种关爱的眼光、一种关切的询问、一种关怀的手势、一次关心的行动。其实，哪怕再小的充满关爱的神态或行为都会在他们的心中激起波澜，会使他们向你敞开心扉、诉说苦恼、畅谈未来。

在关心学生方面，我觉得最好从关心学生的思想、生活入手，多给予鼓励与帮助，不要一上来就批评，不然学生很容易产生抵触情绪。生活老师要从学生的思想和生活入手，了解他们的真实想法，有针对性地进行正确的引导。他们如果有正确的观点、崇高的理想，那么就会产生学习的内在动力。所以，在每次的谈话中，我都从生活中的话题谈起，营造轻松愉快的气氛，让学生暂时忘记我是老师。如此一来，他们在谈话中就会自然流露出一些真实的想法和观点。例如，对生活、学习或其他事情的看法，以及对生活老师与任课老师工作的评价，等等。这些信息都是非常重要的，我会及时把这些信息反馈给班主任。总之，多关心学生，不仅有利于生活老师开展宿舍管理工作，也能促进学生全面健康的成长，提高教育教学水平。

二、要善于抓住关键时期开展工作

生活老师开展工作，需要踏踏实实、一如既往，尤其是在关键时期，绝不能放松，否则会前功尽弃。在实践工作中，我觉得沟通很重要。要多与学生沟通，及时掌握学生的心理动态，把问题消灭在萌芽状态，更重要的是抓住关键时期及时开展工作，深入了解、教育学生。

第一个关键时期：刚入学的前两个星期。这是学生思想不安定，精力不集中，内务、纪律等各方面最差的时候，生活老师应增加工作次数，加大工作力度，及时了解他们的生活学习状况，引导他们成为一名合格的住宿生。

第二个关键时期：考试前、后一周。这段时间，学生思想波动很大。考试前，学生焦虑，生活老师要给予一些学习指导、心理辅导。考试后，学生中不乏大喜大悲者，生活老师要给予安抚和关注。我在这个学期的期末考试前挨个安慰学生，给他们加油、鼓劲。

第三个关键时期：放假前三天。这段时间是学生最容易彻底放松的时刻，学生学习效率不高，其内务、纪律变得较差。生活老师要及时帮助学生做好心理调适，并对学生进行必要的监督与指导。在这个学期放假前，我及时帮助他们调整状态，放假前一天又去和他们道别，叮嘱他们假期注意事项，同时我也获得了学生真心的祝福。

在这些特殊的关键时期，生活老师若能给予及时的关注和引导，排遣学生的烦恼，调整他们的状态，对学生的全面发展是非常有用的。

全员育人导师制不仅是落实教师教书育人双重职责的有效举措，也使生活老师全员参与、全方位育人成为现实。"导师"是一个非常荣耀的称谓。我不敢有愧于这个称谓，所以我在思想上引导他们，在心理上疏导他们，在生活上指导他们。导师制让老师的教育行为更加丰满，让师生感情更加深厚，让心与心的交流更加真诚。

总之，我在以后的日子里还会不断地总结经验教训，一如既往、踏踏实实地做好导师的工作，充当每一名学生的引路人！

用心呵护　静待花开
——高三生活老师的感悟

在我来到深高（集团）担任生活老师的这些日子里，通过回忆与学生相处的点滴，我经常在品味其中幸福感的同时，还要求自己更好地做好各项工作，更好地照顾学生，更好地保证宿舍纪律。可以说，我与我所负责楼层的学生接触的时间一点也不比班主任少，甚至比有的科任老师接触得更加频繁。在与学生相处的过程中，对学生进行的教育与生活指导使我深深地体会到用真心去看待每一名学生，对于他们的成长有多么重要。

有一次，一名高三学生回到寝室之后，其面色很难看。在查寝的过程中，我注意到他的不适。这名学生平时很淘气，经常犯小错误，是一个令班主任也头疼的"问题学生"，所以那天格外安静的他很快就引起了我的注意。我马上走进宿舍，询问他是否感到身体不适，并送他去校医室。当得知原来是发烧时，我立刻联系他的家长。在陪他回宿舍的路上，他不好意思地对我说："谢谢老师。"

退烧回来后，他在宿舍像变了一个人一样，能够做到按时入寝，积极承担舍务工作，甚至有时还督促同宿舍的其他同学遵守纪律。这个改变令我非常欣慰、感动。

人们常说，真正的教育不只向学生传授书本知识，还要在教书的同时帮助他们树立科学的世界观，培养其健康心理。

通过近年的工作实践，我真正明白了这其中的道理，也更加坚定了我做好这项工作的信心。

言传身教　用爱换真情

生活老师这个看似很平凡的岗位却有着不一般的意义。我在走上这个岗位后才有了更多的了解和感悟。下面先说一下这些年我在工作中的一点心得和感悟。

生活老师对学生首先要做到宽容和理解。谁都会有犯错的时候，更何况是学生，我经常跟他们说一句话："犯错不可怕，可怕的是不知道错在哪里和不去改正。"生活老师更不能辱骂学生、伤其自尊，这就是我们常要求的理解和尊重。在与学生沟通时，要有爱心和耐心，要不厌其烦地给他们讲道理，要根据学生不同的性格以相应的办法进行有效沟通，迅速解决问题。

教师的一言一行都会影响学生的行为。在教育学生时，言语不如行动，"身教最为贵，知行不可少"，应让自己的着装、自己的内务卫生时时处处做学生的榜样，用自己的善言、善行为学生树立模仿样本。

熟悉每名学生并尽快记住他们的名字，会给工作带来不同的效果，他们会有被关注的感觉。每当学生生病时，生活老师无微不至地关爱学生，这也是生活老师与学生联络感情的最佳机会。生活老师从和他们的谈话中可以了解掌握学生的心理动态。当遇到难以解决的问题时，要及时与班主任和家长进行沟通，征得他们的支持。

生活老师必须先从宿舍的常规管理做起，教学生整理内务、搞卫生，让他们从不会到会、从会到养成习惯。要严格要求学生遵守纪律和作息时间规定及请假制度，从而提高他们自我约束和自理的能力。当学生犯了原则性错误时，必须对其进行思想教育，直到他认识到错误、改正错误为止；当他们小有进步时，一定要及时给予表扬和鼓励，从而增强他们的信心和积极性。下面就说说我在工作中的一个实例。

雷同学特别有个性，不断犯小错，还很要面子，不允许别人说他半点不对，有时还会顶撞我两句。我就说说关于他的一件事吧！有一天快到晚上 12 点的时候，由于他的宿舍里还有小声说话的声音，因此我推门进去，问是谁说话。我连续问了两次，但无人承认。我就说："再给你们一次机会。如果还没有人承认，那么我就要把宿舍里所有的人都叫出去。大家因为你受到连累，你愿意做这样不仁不义的事吗？"经这么一吓唬，话音刚落，就有名同学承认了。由于黑灯瞎火，我看不清是谁。因为时间太晚，不想影响到其他同学的休息，所以我就把说话的同学带到我的宿舍进行谈话。在问过名字后，我对他说："雷同学，你知道为什么要因为这点小事把你叫过来吗？"很显然，他不知道，反而说："我睡不着，说两句话怎么了？"脸上尽是不服气的样子。我就说："到了晚休的时间段，除特殊情况外，住宿生是不能说话的，不然会影响其他人休息，更会影响大家第二天的听课质量，这也是每名住宿生必须遵守的规定。"听到这，他似乎理解了一点，面带愧疚，低下了头。看到这，我马上又给予他及时的鼓励，说："有一点还是值得表扬的，你没有连累大家，还是识大体、顾大局的，也很重义气。这是优点，你要继续保持。做人要诚实守信，学生更要做到这一点，否则将来走上社会如何立足。每个人都会犯错，你刚来住宿，还不习惯，犯点小错也是正常的。犯错不可怕，可怕的是不知错和不改正错误。通过这次谈话，你要吸取两个教训：一是以后要遵守午休、晚休的纪律；二是要做一名勇于承认错误的好学生。如果还有下次的话，那么我就要对你进行相应的处罚。"打那以后，他虽然还有其他小问题，但在纪律和思想方面慢慢有了些转变，远远看到我也会很有礼貌地打招呼，也懂得与同学之前相互帮助，犯了错也会主动跟我说。我从他的眼神中看到了真诚。

雷同学的内务刚开始也比较乱，我就叫他先来看看我的内务情况。他看到我的被子时感到震惊，因为我每天还保持着在部队时叠"豆腐块"的习惯，目的是让他们知道怎样的内务才达标。然后，我再手把手地教他叠。不到一个星期，他就基本达到我的要求了。经过一个多月的努力，他在各方面都有很大的提高，尤其是内务和纪律都达到了宿舍长的标准。所以，在一个适当的机会，我让他担任了宿舍长。果不其然，在他上任的一个月后，他所在的宿舍就被评为"文明宿舍"。经过频繁的接触和磨合，他也习惯了我的管理方式，我们之间也产生了友谊和情感，他有什么事和心里话也愿意来找我说。由此可见，他对我已经很信任了。

有一次，我在晚上查房的时候发现他动来动去，一副很难受的样子。我就问他怎么了，他说头有点晕，我马上抚摸他的额头，感觉有点烫手，于是立即陪他去校医值班室。在看过校医开药回来后，我马上给他倒好温水，让他服药躺好，很晚才回到自己的宿舍休息。躺下后，我还是有点担心。大概过了半个小时后，我又悄悄地去看了一次，透过玻璃窗口看他睡着了，这才放心地去休息了。

说来也巧，有一次，我在晚点名时咳嗽了几声，他听到了马上就说："洪老师我这有备用的糖浆，你拿去应急吧！"我当时很感动，就感觉一切的付出都是值得的。看到他逐渐变得那么优秀，看到他有脱胎换骨的改变，我很欣慰，也很有成就感。

在工作中，类似的情况还有很多，我就不再一一细说了。正所谓以心换心，用爱换真情，付出了就会有回报！我在工作中更加有信心了！

全员育人活动有感

时光如梭，不知不觉，我在深高（集团）当生活老师已半年了。回顾过去，正视成绩，找出不足，对今后的工作还是大有好处的。我由于在十几年前也站过讲台，执过教鞭，做过班主任，所以刚入职时以为可以信手拈来。可是工作一段时间后就应验了那句"隔行如隔山"，教育方式也不可同日而语。下面自我总结一下，谈点自己的认识和体会。

一、提高工作水平

要提高工作水平，就要善于学习、摸索，要熟悉学校的各项规章制度，结合实践，按照生活老师的职责要求去做，注意自身形象。要对工作认真负责，爱护并严格要求学生，引导、帮助学生养成良好的生活习惯，使其遵守学校的各项规章制度。要定时召开宿舍长会议，发现问题时及时解决。通过每天的晚上查宿工作，我意识到一个问题，学生有很多作业，其学习压力也挺大，因此我告诉他们：尽量充分利用晚自习的时间完成作业，熄灯后不要看书，因为昏暗光线会对眼睛视力造成伤害，且大脑需要休息，这时记忆力比较差。由于没有休息好，自己第二天上课也会没有精力听讲，不要做这样得不偿失的事情。刚开始时，学生不以为然，有名同学甚至半夜三更起床，用手电看书。我后来私下找他，说不应该这样。由于没听我的话，他第二天上课头晕眼花，只能胡乱完成测试。我说："你应该借鉴那些成绩好的同学的学习方法，上课的时候一定要集中精力，将课堂知识最大限度地吸收、消化，这比课后花上数小时的效果更好。要知道精力集中的前提就是大脑得到充分的休息啊！"

二、有效吸取好的管理意见

刚开始接手工作时，我在洗衣服这块遇到一点小麻烦。一些没交洗衣费的学生要小聪明，知道我不太熟悉他们是否交费，就将衣服拿过来。本来是六十几人，那几天却总有七十几包衣物。另一位生活老师教了我一个很好的方法，后来就恢复了正常。我在查宿舍时教育学生做人一定要诚实，告诉他们只要人品好，将来走上社会一定会有个好的人生前途，这是最基本的做人原则。

三、对待学生要宽严得当、刚柔并济

一名学生性格非常乖张，有很强的攻击性，你说一句他用十句顶回你。其实，这名学生缺乏安全感。我在与他的班主任沟通后才知道果真如此。班主任建议对这种有特殊性格的学生一定要特殊对待，不能来硬的，要多夸奖、鼓励。因此，我改变了对他的方式方法。果然，他们宿舍在纪律和内务方面都有所改进。后来还发生了一件事，这件事让我有所感触，明白生活老师不是那么好做的，一定要有耐心和责任心。高一的学生正处于青春期，其学习任务比初中重多了，生活上又有从父母的百般呵护到住校独立的重大改变。一些心理承受能力弱的学生有时会容易情绪失控，其中一名女生考试考砸了，回宿舍后与家长通电话，受到家长的责备，一下子情绪失控、大哭大叫。我立即安慰她，让她坐下来冷静一下。由于到了查宿舍时间，我只好叫来两名学生安慰、照顾她。查完后，她还是没平静下来，让我放她去操场待两个小时。我讲道理，她也不听，就开始哭，我及时打电话给她的班主任，班主任又打电话给家长，家长又打她电话，她不肯接听。班主任说还是不要刺激、责备她，现在让她安静下来是最重要的，否则会出大问题。她执意要求去操场放松心情，于是班主任就跑来宿舍，接她去操场，陪她跑。直至晚上十二点半，她才平复下来，回宿舍睡觉。第二天，我与她妈妈进行沟通，她妈妈也表示她形成这样的性格，家长有很大的责任，以后会在她周末回家时耐心引导。

此时此刻，我的目标就是力争在以后的工作中多向各位领导、同事学习，取长补短，提升自己各方面的能力，挑战自我，超越自我，在学习中摸索，争取在新的一年里取得更大的进步、更大的突破。

（三）家长篇

导师制让每个孩子绽放青春

这事应该从孩子进入高一上学期时说起。一天，孩子兴致勃勃地告诉我学校要开始实施导师制，她与另外几名同学被分在语文桑老师组。她感觉"导师"这个词是大学生的专用名词，对一名高中生来说，是个新鲜事，够时尚、大气。没想到他们提前接触了，幸哉，幸哉！

接下来的每个周末，我们母女之间的话题多了一个。比如，导师会与他们约好在学生食堂共进晚餐，大家可以畅所欲言，师生就在这样轻松愉悦的氛围中拉近了彼此之间的距离。孩子的兴趣也渐渐多了起来，导师也会常给他们推荐些有趣的电影、书籍，然后约定在下一个"约会日"各自发表相应的看法。在这样看似"闲聊"的氛围中，他们有了更清晰的目标大学与人生定位。

导师不是居高临下的说教者，而是学生的朋友、参谋，所以孩子们都愿坦诚以待，导师能更近距离、多方面观察孩子，帮助孩子，欣赏孩子。在导师的面前，他们也更能绽放着自己的青春与活力。

导师制照亮孩子未来的人生之路

我是东校区高二 22 班王同学的家长。关于导师制对孩子的积极影响，我有非常多的感触。

孩子中考分数是 392 分，非常幸运地以指标生入围东校区。刚来学校时，孩子对新的校园环境和班级感到不适应。孩子虽然不善言辞，学习效率也不高，但是内心特别美好、单纯、渴望上进，也渴望被看见和被支持。经过了高一一个学期的学习，孩子很不适应现有的班级环境，成绩也是忽上忽下、不稳定。下学期选科时，孩子凭着对父母的信任和自己的简单信念，果断地选择了物、化、生这些对她来说难度非常大的科目，同时期待着通过分班迎来一个崭新的学习环境。

幸运的是，孩子来到了 22 班这个优秀的集体，来到了慈祥、有爱心的易老师这里，并且很幸运地成为易老师的受导学生。孩子在新的班级里慢慢有了变化——一天一天开朗，一天一天有了笑容，一天一天有了自信，一次一次取得了学习上的成功。这背后的力量源自孩子的导师——易老师。孩子好几次跟我说，易老师找她谈话了，易老师给她鼓劲了，易老师在运动会点名让默默无闻的她替补上场了，易老师关心她跑步摔伤的胳膊了，易老师的讲话太撼动心灵了……通过这些点点滴滴，我感受到了孩子被看见、被鼓励、被滋养、被扶持下的羽翼日渐丰满。易老师在聊到孩子时，最让人记忆深刻的就是他那无比温和又充满坚定信念的眼神。他总是对我说，要相信孩子，她下次会更好。这简简单单的一句话，对家长来说，是颗定心丸，更让家长在不知不觉中领悟到教育的真谛——要相信自己的孩子，相信老师！正是对孩子有了解、有规划、有扶持，易老师才能够如此自信并相信孩子。

在易老师的培养下，孩子取得了一次又一次的进步，成绩由班级第三十八名突飞猛进到班级第四名，性格也变得大方从容，学习积极性、主动性得到非常大的提升，孩子对自己、对未来有强烈的进取心和自信心。我相信孩子一定能紧跟导师的步伐，在未来的一年半中取得更加优异的成绩。这份滋养也必将照亮她未来的人生之路。

不负师恩，不负韶华

我是深高（集团）东校区高二23班王同学的妈妈。我感到非常幸运，庆幸孩子遇到东校区这些业务专精、尽心尽力、认真负责的好老师。其中有一位老师给我的感受尤其深刻，那就是高二23班的班主任邹老师。与邹老师第一次见面是因为王同学违反校规，我去学校见邹老师。那时候，王同学因为重新分班、分宿舍，整个人的学习状态非常不好，我很担心，可是束手无策。见了邹老师后，邹老师与我交流了一些情况。后来，邹老师一直与我保持沟通，王同学在学校的情况邹老师都会跟我说，需要家长配合做什么邹老师也会告诉我。邹老师真的非常尽心尽责。在邹老师的全力引导下，王同学重新树立了学习目标，找到了一名高中生应有的学习状态，在期末考试中取得了非常不错的成绩。

孩子自从进入深高（集团）东校区后，在学校的时间就远远大于在家中的时间。而在学校的时间中，大部分都是和老师一同度过的，所以无论是在学习上还是在观念上，老师都对孩子起着重要的作用。

各科老师都以饱满、富有活力的精神，在课堂上传授着知识。若有走神的学生，老师都会及时提醒，这有助于学生养成勤奋学习的习惯。老师以愉快安详、沉稳冷静的态度对待学生，以热情、豁达、诚恳的人格魅力影响学生，以和蔼、真诚的语言解决师生之间出现的矛盾，时时处处使学生感到亲切、温暖，这对培养学生的无私、互助、诚挚、谦虚、大度、顽强等优良品质起着重要作用。

老师还能无私地给予学生自身所学，每当学生遇到学习上的困难时，都会耐心地一一解答。而对个别学习态度不端正的同学，老师都会及时开导，或者与他的父母沟通。无论是在学习方面还是在性格的养成方面，这都对学生有莫大的帮助。

在这次疫情中，老师认真负责，按时在网上开课，使孩子不落下学习进度。老师坚持每天、每节课查岗，防止学生因偷懒而导致成绩下降。老师本身就对学生起表率作用，而给学生打电话、嘘寒问暖，关注学生近期的学习情况，更体现了老师关爱学生、对工作负责的态度。在此，我非常感谢老师为孩子所做的这一切，老师帮助孩子解决了学习方面的困难。

我相信23班的学生能在各位导师的悉心教导下发挥自己的优势，弥补自己的不足，同时也怀着感恩的心认真努力学习，在一年后的高考中取得优异的成绩。学生更应该不负师恩，不负韶华！

一起努力多点信心和耐心，共同陪伴孩子健康成长

我是陈同学的家长。首先感谢学校给予我这个分享孩子成长感想的机会，也感激老师无微不至地关爱我的孩子。下面，我谈一下自己对导师制的感受。

教育需要给孩子一个好的学习环境，而孩子也需要独立、安静的空间。导师制让学生得到了充分支持他们成长的环境。

导师只有尊重孩子，多和孩子谈心，把他们当成大人或朋友，尊重孩子的想法，让孩子在家长面前没有压力、真实地做自己，这样才能真正走入孩子的内心，了解孩子的真实情况，从而"对症下药"，促进学生的发展。

这个年龄阶段的孩子已经是个小大人了，特别是男孩子已经开始知道要面子了。导师在和家长沟通后，要经常在这方面引导孩子，比如告诉孩子学习差的话也会让他没面子。同时，要让孩子知道老师特别重视他的学习情况，在每一次考试后，老师都会和他谈，引导他改正不好的一面，鼓励他优秀的一面，并给些小奖励，对孩子进行低调批评、高调鼓励，让孩子明白自己很优秀，树立孩子的自信，鼓励孩子不断努力。

最后感谢学校的导师，对于教育孩子，我们自己有太多不足。我们一定会和老师一起努力，多给孩子一些信心和耐心，陪伴孩子健康快乐成长，静待花开！

明确目标与方向，不再迷茫困惑

全员育人导师制是个不错的制度。从孩子平时的举止以及生活的方方面面，我发现了她与之前不一样的地方。

在和她聊天的时候，我发现她相比之前开朗了些。我不知道是学习的缘故又或者因为平时交流得少。她貌似惜字如金，把自己闷在房间里，很少出来。但我感觉她现在的心情很舒畅，少了忧郁。

她曾和我提起过，她一到大考就特别紧张，手心手背都发凉，晚上也会经常睡不着觉。但现在，她在做题时的紧张与焦虑似乎减缓了很多。老师也给她讲了做题技巧以及迅速调整考试心态的方法。

她和我谈起大学时看起来非常激动，很憧憬大学生活，因此她动力满满。老师让她对当下有了更为正确的认识，明确了自己的目标与方向，使她不再那么迷茫。

亲其师，信其道
——浅谈导师制对孩子的影响

身为家长，我不得不说导师制让孩子获益匪浅。孩子的导师是熊老师，孩子在和熊老师的相处中，性格和心态都有了很大的转变。孩子原先在学习上沉不住气的心态现在大有改观，如今愿意花时间学习，也能沉住气了，这一点想必是受了性格文静的熊老师的影响。熊老师在孩子的语文学习上细心指导，孩子现在语文成绩的提升自然要归功于熊老师。我十分感谢熊老师对孩子的帮助。从个人角度看，我认为导师制是有益的，既促进孩子的发展，也能让老师更了解学生。孩子的全面发展离不开家长和老师的共同努力。导师制是孩子成长的一块跳板，让孩子拥有一个更广阔的成长空间。

亲其师，信其道。记得一年前，步入高中生活的儿子周五晚回到家，在一次寻常的谈话中，我饶有兴趣地听儿子讲述了关于东校区实施导师制以来的点点滴滴。在我看来，学校教育的根本目的是育人。育人，首先就要了解学生的内心世界。要了解学生的内心世界，做教师的要努力做到与学生平等相待、平等沟通，以朋友的身份与学生和睦相处，感受学生内心的喜怒哀乐。现在的中学生，思想十分活跃，通过互联网获得了大量的信息，可谓见多识广。面对这样的一群中学生，老师如果仍然沿用陈旧的思想教育学生，就像缘木求鱼，显然是行不通的。相反，导师制不仅可以解决学生在学习中遇到的困难，而且能够解决学生在生活中遇到的困难。在我看来，师生之间的交流已不仅仅停留在学习中。从孩子的口中得知，师生在日常交流中也会谈起生活上的趣事。孩子说，常在学校看到师生共餐的场面。晚修的时候，孩子会主动请教问题；假期期间，孩子做练习过程中遇到问题也会线上请教。由此可以看出，导师制所带来的线上线下交流增进了师生之间的感情，提高了学生的学习兴趣。

解决孩子成长道路上的困惑，帮助孩子健康快乐成长

通过学校开展的全员育人导师制，导师主动积极地和孩子谈心，不仅加强了师生间的情谊，也正确引导孩子成长，解决了孩子在校期间家长无法关注的问题。

孩子很少在家，而父母周末还会加班，平时也很少陪伴孩子，所以孩子和父母交流沟通的机会比较少，父母不能及时关注到孩子在情绪和心理上的变化，也不能时时刻刻地督促孩子。在导师制还没实施前，孩子有时周末在家会沉默寡言，情绪十分不稳定，父母询问，孩子却闭口不言，亲子之间产生隔阂。

自从导师制实施后，孩子可以去找他们的导师谈心，不论是学习问题还是生活问题，甚至有些难以跟父母开口的问题，都可以向导师询问。导师为他们指点迷津，替父母解决了他们无法有效解决的问题。孩子在导师制实施后也渐渐变得乐观，平时周末在家也会主动和父母谈心，分享一些学校趣事，比之前更懂得体谅父母了。导师制实际上也间接地促进了亲子关系的和谐。

总之，我很感谢学校实施的导师制，导师制为孩子解决成长路上的困惑，让家长更安心地看到孩子健康快乐地成长。

孩子在导师的引导下成长

分班后，孩子进入新的班级，新的班主任张老师幸运地成为孩子的全员育人导师。

深高（集团）是寄宿制学校，学校的全员育人导师制强化了师生的互动交流，体现了学校对学生成长的关心。一个多学期过去了，作为家长，我看到了孩子在全员育人导师张老师的用心引导、无私奉献下健康成长。学校的全员育人导师制意义重大！

张老师欣赏孩子的特长，肯定孩子学习上的进步，与孩子共同分析差距，引导孩子明确目标，并能够发现孩子所面临的问题。同时，张老师还及时与家长沟通，鼓励家长给孩子信心，共助孩子实现目标。张老师细心、用心，本着不让每一名学生落下的原则，依据孩子的特点及时提醒孩子不要松懈，鼓励孩子及时补上落下的知识，引导孩子直面问题，让孩子在训练中成长。

在导师的引导、鼓励和帮助下，孩子在学校的各项活动中成长，更在学习上有所进步。相信孩子会在全员育人导师制的培养下不负高中时代！

导师制对孩子的积极影响

我是东校区高二 28 班奠同学的家长。现在就孩子自高中以来的学习情况，谈谈我的感想。

孩子压线进入深高（集团）东校区，由于学习基础薄弱再加上自律性不强，高一阶段各科"跛脚"，学习起来很吃力。高一上学期期中考试，孩子班级排名倒数第一，这是我没有想到的。这次考试对他打击很大，孩子哭了一晚。孩子想进步，又不知该如何努力，或者在努力的过程中遇到的问题太多，久而久之变得没有信心了。作为家长，我看着着急，但也无能为力。孩子就这样跌跌撞撞地熬着，到高一下学期选科时，因为各科都薄弱，真不知如何选，好不容易选了历、化、生，但因为专业受限等诸多不确定性，又不得不改选物、化、生，并插班进入 28 班。此时，我想孩子可能更难了。面对新的班级、新的老师，他能否适应？能否跟上老师的进度及节奏？我不敢继续再想，深感茫然……

孩子在高二上学期插班进入张老师带领的 28 班。记得开学没两天，张老师就打电话向我了解他各方面的情况，同时张老师已向他高一时期各任课老师了解了他在校的学习情况。这让我很诧异：第一次有老师这么认真、仔细且有耐心地交流。此时，我好像看到了希望，我觉得我儿子没有被老师放弃。几天后，孩子没完成高一暑假作业，张老师及时与我沟通，希望我到校陪他做作业，其间张老师也多次找他谈话。这个方法很好，孩子在内心深处感受到父母没放弃他，老师更没放弃他。

高二上学期，在张老师的严格要求及管理下，孩子的学习态度有了明显转变，遇到问题会去找老师请教。张老师在晚自习特别布置了一些题给他做，而孩子由于上课经常分神，就趁机多向张老师提问。张老师经常就孩子在学校的学习与生活情况与我沟通，有针对性地抓问题，想办法帮他解决问题。他慢慢地由被动变主动了，这一点非常好。在老师的细心教导与鼓励下，孩子也有了实实在在的进步，期末考试能排在班上 20 名左右了，自信心也大为增强，这让我非常欣慰。我无比感激老师的辛勤付出，希望孩子能铆足干劲，坚持不懈，持之以恒，取得更大的进步。

谈谈我对全员育人导师制的看法

作为高中生的家长，我对导师制教育制度十分支持。

导师制是从学生的生活指导、思想引导、学习辅导、心理疏导四方面为学生提供了成长发展的良好条件。它最大限度地拉近了老师和学生之间的亲近感，促进师生良好关系，让老师对学生的心理健康有深入的认识。

关于学业。对于一个班几十名学生来说，仅仅靠班主任一个人挂帅是不现实的。班主任压力过大，一方面要带好学科，另一方面要关注全班学生的身心健康，而人的精力是有限的。实行导师制能分摊班主任工作。对学生的学业问题，导师可以在日常对学生的了解中找出学生的强弱学科，针对薄弱环节，培优补差。这也体现了学校一直以来对学生的关心爱护。同时，导师也会把问题反映给家长，引起家长的重视。唯有家校合作，才是培养优秀学生的最佳途径。

关于心理。高中阶段是孩子读书生涯中最艰辛的阶段。有少数学生在这一时期出现了心理方面的障碍，特别到了高三冲刺阶段，由于学业繁重、学习压力超负荷，有的学生出现焦虑、失眠、情绪低落、没学习动力等问题。这时，导师要多留意，对学生心理进行疏导，在引导的关键时刻要预防个别孩子走极端，避免意外的发生。

关于生活。导师可以在时间允许的前提下，定期约见家长，面对面地对学生在家中的生活习惯进行了解。比如，有的学生周末回家，晚上玩游戏，早上睡懒觉，马虎应付作业，在学校是一种人而在家又是另一种人。了解一个孩子不能单凭其在校的表现，只有家长说的和导师平时观察的二者合一，才是对一名学生全方位的了解。

关于思想。导师彰显教师队伍的高尚品质，他们拥有正确的世界观、人生观、价值观。学生日常耳濡目染，慢慢产生使命感、责任感。学生多年以后也会想起高中时候的恩师，也将会成为一个懂得感恩的学生。

最后，祝全员育人导师制能够圆满开花结果，祝孩子在导师制的影响下学业有成！

浅谈导师制对孩子的影响及家长对导师制的建议

首先，家长和孩子非常感谢学校领导制定的全员育人导师制这一制度。

自实施全员育人导师制以来，孩子收获颇丰。孩子反映，老师会分成小组陪孩子在食堂共餐，边吃饭，边沟通，从聊天中了解孩子在学习以及生活方面遇到的各种问题，并及时进行指导，与孩子一起探讨人生，鼓励孩子在学习和生活方面积极向上。在导师的影响下，大部分的孩子比之前进步了很多，孩子的性格也比之前开朗多了……

家长寄语：希望学校这个全员育人导师制做得更加细致一些，老师跟孩子的互动频率更高一些，正处于青春期的孩子需要老师更多的心理辅导；希望孩子通过全员育人导师制，下一次考出更优异的成绩；作为家长，我希望学校加强督促，及时关注孩子的动向。

在新的一年里，望老师严格要求孩子，我也会全力配合老师的工作。家校共同努力，使孩子继续保持优异成绩，并健康成长！

以下是我对全员育人导师制的一些建议。

导师可从孩子的思想、学业、心理、生活、成长五个方面进行指导：

第一，思想引导。引导孩子坚定理想信念，树立正确的世界观、人生观、价值观，积极践行社会主义核心价值观，培养良好的思想道德品质。

第二，学业辅导。帮助孩子进行学业分析、制订学习计划，帮助孩子端正学习态度、激发学习动力，使其养成良好的学习习惯、改进学习方法、提高学习效率。

第三，心理疏导。及时了解孩子的心理状况，疏导孩子的不良情绪和心理压力，引导孩子正确对待和处理挫折和烦恼，激发孩子的自尊、自爱、自强、自信意识，培养孩子阳光积极、健康向上的精神风貌。

第四，生活指导。了解孩子的家庭情况，积极与家长联系沟通，帮助孩子养成健康的生活习惯、科学合理地安排日常生活，培养孩子自立、自主、自理的能力。

第五，成长向导。帮助孩子全面认识自我、明确发展方向，根据孩子的个性，指导孩子做好生涯规划和发展规划，引导孩子发展兴趣特长，为孩子的终身发展奠定基础。

全员育人，指路明灯

孩子刚上高中时说学校实施了全员育人导师制，我当时觉得很新奇，但对于是否能真正做好持怀疑态度。但经过时间的检验，我认为导师制确实让孩子受益匪浅。

刚上高一时，孩子各方面都不太适应高中的节奏，上课时也不能集中精力，但孩子的导师及时与我沟通孩子的情况，耐心跟进，细心引导。在导师的帮助下，孩子很快适应了高中生活。高二分科之后，导师随之更换。这位导师更加用心，时时跟进孩子的情况，经常找她谈心，了解孩子出现的疑惑，更抽出自己的时间专门为孩子答疑解惑，还敦促她即时复习、背英语单词。在成绩出来之后，这位导师更在第一时间给我打电话，约我在学校见面谈谈。

孩子现在明显懂事了很多，学习自觉性有了提高。我很感谢学校以及导师。相信在你们的帮助下，孩子一定会越来越好！

全员育人导师制有感

自学校实施全员育人导师制后，我作为学生的家长，看到了该制度显著的优点。

导师在育人过程中通过与学生一帮几的指导，有效构建了师生间沟通的桥梁。导师会根据每名学生的情况，采取课下或餐间对话、组织活动、小型会议和课后辅导等具有多样性、个性化的形式，不仅拉近了师生间的距离，还促进孩子的问题得到针对性的解决，而这种有效的帮助是家长难以做到的。

全员育人旨在不仅要对孩子进行智育，还要进行德育。师生间长期的良性交流互动不仅能够帮助孩子提升成绩，也能促进孩子心灵与思想上的成长。孩子回到家后，能够主动努力学习，尊敬家长，帮家里做事情。

自实施全员育人导师制后，孩子的心理变化令我欣慰。在师生间的平等互动下，孩子深切感受到导师的良苦用心，增强了信任感，卸下了对导师的心防，能够积极且及时地表达自己的内心想法，并在导师的全力帮助下维持自身的心理健康。

总的来说，全员育人导师制大大促进了孩子的全面、健康成长，加强了对孩子人格素质的培养。

领路人

少年洋溢着青春的激情，压抑着放飞的喜悦，怀揣着灿烂的梦想。来到"紫堡"的怀抱，站在新起点，融入新环境，他们在欣喜的同时又感到些许紧张和压力。

"紫堡"秉承"发展为先，科学育人"的教学理念。在追求学生、教师、学校共同发展的过程中，东校区又率先设置了学生的"人生导师"，给每名学生都安排了导师，时刻重点关注学生在校的学习、生活情况，给家长一份庄严承诺。

教师尽心为学生填补人生路上的坑洼，得以让他们走得更加平稳顺畅。我家孩子入学成绩不错，但孩子来到新环境，由于自控力不够，因此学习上难以适应，接连几次考试都垫底。家长焦虑，孩子迷茫无助，甚至有厌学情绪。这时，孩子的"人生导师"——聂老师来了。她观察到孩子上课的积极性不高，就在课下单独找孩子谈话，并适时地分配给孩子一些学习任务。例如，每天利用课下时间讲几道数学题给老师听，而聂老师从孩子的讲述中了解孩子对于知识的掌握情况，并加以引导。孩子在任何时候有疑问，聂老师总是耐心为他解惑；孩子坚持去办公室找她答疑，她总是欣喜鼓励。每逢考试前夕，聂老师总给孩子打"强心针"，让孩子放下心里的重负，让孩子明白无论成败，都要轻松面对。一段时间后，在聂老师的开导和鼓励下，孩子的学习积极性有明显提高，孩子也自信不少。

东校区的教师队伍是一支新锐队伍。每一位教师都是学生的"人生导师"，在学生犯错误时及时提醒，在学生受伤时暖心安慰，在学生成功时加以鼓励。导师用自己的那份职业操守走进了孩子的心房，给予他们温暖与力量。

导师是黑夜里的一束光，照亮孩子前行的路；导师是孩子人生路上的领路人，指引他们努力的方向。"爱在左，情在右，在生命路的两旁，随时撒种，随时开花，将这一径长途点缀得花香弥漫，使得穿花拂叶的行人，踏着荆棘，不觉痛苦，有泪可挥，不觉悲凉！"

愿深高（集团）东校区的莘莘学子在领路人的不断鞭策、鼓舞下，继续创造"紫堡"奇迹！

植根于爱的教育
——对全员育人导师制的一点体悟

深高（集团）东校区地处坪山区，深高（集团）中心校区在福田区。之所以选择东校区，一是因为孩子初中时对深高（集团）有良好体验，二是因为东校区的家长开放日给予我的良好体验。但我没有想到，这个选择打开了一扇宝藏之门。

先说下孩子的情况。孩子初中就读于深高（集团）南校区，后来签保送协议进到东校区。其间孩子或许有点小失落，但在就读一个学期后，就觉得进东校区对他来说或许是最好的选择。从失落到乐在其中，从内向到开朗，孩子的转变离不开全员育人导师制的落实和完善。

"师者,所以传道受业解惑也。"这句名言老幼皆知。但为何"传道"在首？我想细究这一点的人不多。但在东校区，我和孩子都深刻体会到了。

孩子因为自律性强，从小在学习上就没怎么让我操心。所以他去住宿，我比较放心。但没想到，在整理桌面这块，他出了问题。孩子平时也没太注重整理的重要性，在家都是我顺手帮忙整理。孩子这块有短板，我没关注到。大概是开学一个月后，有一天，孩子回家，外婆习惯性地上前帮忙拉箱子，想帮他整理，孩子拒绝了。他请外婆在边上指导，然后自己开始整理，其间有点笨拙，外婆还嫌弃他浪费时间。在磕磕绊绊中他终于整理好自己的东西，还顺带把房间桌面也整理好了。这么事出反常，我等到临睡前在谈心时才了解到这是老师的功劳。首先是化学老师李老师看他找资料找了半天，提醒他桌面太乱需要整理。但"冰冻三尺，非一日之寒"，小家伙从未好好整理过，突然学习整理术，真是左支右绌。后来，班主任刘老师发现了他的窘况，领着他好好整理了三次桌面。最后孩子掌握了要领，还自己上淘宝搜索桌面神器。这下再没见他找资料要喊人帮忙了。

说实话，如果没有老师的提醒和重视，那么孩子在城市里生活了许久，享受了城市化的便捷，只能将生活细节委托于人，而忘记了它的重要性。孩子不会整理桌面，是不是会影响到总结课堂笔记？孩子不会整理桌面，是不是会导致遗失重要资料？大人对这些方面可能因为太过熟悉而忽略，但是老师都关注到了。像这样的例子还有很多，比如：生活老师指导整理内务，辅导孩子使用清洁用品；政治老师要求大家仪表堂堂，以妆容整洁为美。这些看似与学习无关，但实际上与学习、生活、做人很有关，这不是师者最重要的"传道"吗？我很开心孩子在这里学习到最重要的一环。

学校有很多青年教师。而青年老师更容易和孩子打成一片，偶尔看孩子的英语作业，还可以将演艺明星化为英语试题。孩子做着作业都会心一笑，他还会不想学吗？

刚开学时，我在闲聊时问过孩子："你觉得学校的老师怎么样？"孩子说："都很好，我都很喜欢，个个都是大牛级别。"我当时觉得他在逗我，直到全员居家办公、孩子上网课时，我竟然也被老师的课程所吸引。上着地理课，老师化身导游，带你游览名山大川时，秀出风景图，从图片中告诉你地貌及其形成原因。到了历史课，老师成为顶级段子手，单口相声随口而来，比起《晓松说》有过之无不及。生物老师在进行艰深的专题学习时还会辅助性地提供视频，让孩子更好理解。政治老师讲课用词精准，结合题型让孩子更深刻地理解政治、经济术语。等到语文、数学、英语、物理、化学时，这些老师更是十八般武艺，样样精通。所以在教学上，老师非常博学、富有吸引力。

学校还分小组配备专职老师，孩子加入了政治老师李老师的小组。一开始，孩子主观地认为李老师可能会很严厉，毕竟李老师是政治老师，孩子觉得自己要像个鹌鹑。经过一学期的接触，小家伙发现李老师是个超级可爱、和蔼的大哥哥，会为了请小组同学撮顿大餐和食堂师傅据理力争，也会为了劝说不守规矩的同学苦口婆心，化身"唐僧"。李老师在孩子面前万般变化，而这万般变化下的热忱实实在在地让孩子信服。

学校有各种风格的老师，而这些老师在晚自习时都会静坐在位子上，期盼着提问题的学生。孩子在上网课期间经常在线问老师问题，有时到晚上十点还提交问题。可无论多晚，老师总会如期而至，有时甚至会有拓展，使孩子受益良多。在校时，孩子也反馈说，晚自习时只要真诚地提问题，无论哪科，即使是自己的最弱项，只要你问，老师都会耐心说到你懂为止。他在学校深刻体会到了"问"所带来的好处，也感受到老师的平等对待。

一个学期下来，我切实感受到全员育人导师制所带来的正能量，也欣喜地发现在老师的带领下孩子的良好转变。目前的深高（集团）东校区或许不够名扬中外、如雷贯耳，但好学校并非一定要张牙舞爪，脚踏实地提高学生的各项指标，让孩子学会为人之道、做人之理、行人正事，浩浩然存于世，也不失为一所好学校。鲁迅先生曾说过："教育是根植于爱的。"而这句话，我切实地在老师身上感受到了。

家长眼中的全员育人导师制

深高（集团）东校区地处坪山区，孩子从市区到学校坐车至少要一个半小时。孩子入学东校区的时候，第一次离开父母，独立生活，第一次脱离父母的管控，自我学习。说实在话，我非常不放心。孩子要是调皮了怎么办？要是生活理不清楚怎么办？要是和同学闹矛盾了怎么办？学习跟不上了怎么办？作为独生子女的家长，我有一万个担心的理由。

东校区用全员育人导师制告诉我，一切担心都是多余的。第一天报到的班

级微信群就是家校沟通的桥梁。无论是军训还是后面的学习，学校全员育
师制的优势无处不在。这项制度让孩子既张扬了个性，又在思想、学业、心理、
生活上得到全面指导。全班 51 名同学被分为 4 个组。在班主任鲁老师、语文
老师王老师、数学老师熊老师、地理老师吴老师的分组关怀下，高一 23 班的
学生茁壮成长。在全员育人导师制中，师生之间是民主、平等、和谐的关系，
导师尊重学生的个性差异。全员育人导师制是全员育人、全程育人和全方位育
人的现代育人理念。作为家长，我觉得全员育人导师制的优点有以下几个方面：

第一，让孩子得到充分的鼓励和关爱。老师和处于青春期的孩子的沟通如
果仅限于学习，那么很容易让孩子产生逆反心理。老师只有全方位地了解孩子
的过去、家庭背景、爱好，才能对症下药。做思想工作就要"磨刀不误砍柴工"。
孩子刚入学不久，一天，班主任鲁老师在微信上和我约好晚上七点半通电话，
当时我正在为孩子不太适应高中生活而苦恼着：孩子每周做作业拖拉，周末晚
上迟迟不睡觉，白天无精打采，没有充足的学习信心。那一次和鲁老师的通话
持续了差不多一个小时。从孩子从小的生活环境、个人爱好到初中的学习情况、
最近在学校的学习状态，老师与我做了细致的沟通。每周末在家里的表现只是
孩子的一个缩影，孩子因为学习习惯不好已经产生了畏难情绪，非常不自信。
鲁老师在了解到我家孩子在绘画方面的特长后，利用学校召开艺术节的机会，
让孩子把曾经的画作带到学校展出，还把孩子的画贴在班级的后墙上，充分提
升孩子的自信心，给了孩子学习上最好的鼓励。

第二，家校信任的桥梁会更加坚固。其实，老师的工作真的不只是传道、
授业、解惑，因为全员育人导师制已经远远超出了这个范围。孩子如何处理与
同学的关系、怎么与人相处，对于刚寄宿的高中生来说也是新的课题。开学不久，
孩子因为个人生活习惯不好，和同宿舍的同学闹矛盾了。我知道情况后，先第
一时间和孩子沟通，再马上和班主任鲁老师沟通，了解具体情况。孩子周日返
校的时候，我陪孩子到校，联系鲁老师准许我进宿舍和孩子的同学沟通。鲁老
师也在晚自习课间帮忙协调孩子之间的误会。回想起来，家校之间的信任非常
重要。班上每一个孩子都有可能遇到学习以外的困难，老师解开孩子的心结就
可以换来孩子在学习上的勇往直前以及家长信任学校、支持学校。

第三，导师让孩子感觉可以依托。学校将孩子分组，让孩子在主题班会、

运动会分组合作,让孩子融入团队和班级。这就是在教孩子今后如何融入社会。孩子在与同学相互交流的时候,可以学习别人的长处,但不可避免地也会受到不良影响。老师只有及时融入学生中,才能准确地鼓励正能量,减少负面作用。大部分孩子都有老师的微信、QQ,当周末作业存在问题时也会发个消息。虽然孩子还那么稚嫩,但从孩子的嘴角上,我也都看到了孩子扬起的自信。

东校区全员育人导师制的故事还在演绎,导师对孩子的影响十分深远。未来,孩子即使分学科了,甚至上大学了,也会回想起高中老师的谆谆教导。老师如父如母,故事如歌如梦。愿东校区的全员育人导师制开创一片新的德育新天地!

引导孩子积极向上,促进孩子全面发展

对于初入高中的孩子来说,适应高中生活是一种考验。作为家长,我也要和孩子一起接受这种考验。我的女儿初入高中,第一次离开家,独自住校。她刚开始是极度不适应的。

生活上,每次周末回来,她都要和我说"不想住校,不想离开爸爸妈妈"。到了星期天的下午,她不肯去学校,每次都要我劝说一会儿才肯去。学习上也和初中阶段有很大的不同。周末回来,她会说自己有些时候听不懂课,不会做习题。

总之,她还是没有改善学习方法,还不能很好地适应高中的学习方式。

为此,我还特意咨询了班主任郑老师。郑老师告诉我不用担心,学校已经实施了全员育人导师制,导师会针对孩子出现的这些情况,一对一地进行辅导。非常感谢学校和老师的教导,之后的周末,女儿再回来,已经能愉快地和我谈论学校里发生的点点滴滴了,也主动去学校了。此外,她还非常开心地和我说,她的导师特意请她一起吃饭,还教给她学习方法。自己在各方面遇到了问题,都会向导师请教,导师也会耐心地帮忙解决。之后的学习越来越顺利了,她期中考试还考了年级第四。导师还针对孩子的特长,在选科方面给予了指导。孩子的学习积极性越来越高,并且对两年之后的高考充满了信心。

再次感谢学校,感谢老师,你们弥补了孩子在家庭教育中的缺失,帮助孩

子树立了科学的世界观、人生观、价值观，引导孩子积极向上，促进孩子全面发展。作为家长，我非常感谢。

关于全员育人导师制的感受

在高一上学期，深高（集团）东校区推出了全员育人导师制，我儿子的导师是班主任柯老师。下面，我想分三个方面谈谈我对全员育人导师制的几点体会。

关心学生的学习方法。导师会针对不同的学生，找出适合每名学生的学习方法，有针对性地去引导学生，让学生提高学习效率。我儿子之前语文成绩不好，连班级平均分都没有达到。柯老师细心观察，找出我儿子的不足，进行针对性指导后，找到了适合我儿子的学习方法。这使我儿子不但在语文成绩上有进步，也带动了其他科目的学习。最终在期末考试中，我儿子取得了优异的成绩，而这是和柯老师的辛勤付出分不开的。

关心学生的学习态度。柯老师善于观察，当她发现我儿子或班上其他同学的学习态度有所松懈的时候，都会及时指出，尽快让他们端正学习态度、好好学习。

关心学生的心理健康。柯老师最大的特点就是有活力、有爱心、有耐心。她年轻，知道学生心里的想法，和学生融入得特别好，会不定期地组织各种交流活动，深入了解每名学生的心理状态，真正做到了从精神上关心每名学生的身心健康。正因为柯老师的关心，我儿子很快适应了新学校的生活，每天都能以积极饱满的态度来学习，这些都和柯老师的关心和爱护分不开。

浅谈全员育人导师制

咱们班有52名学生，来自52个不同家庭的孩子有着不同的个性：有的活泼开朗，有的沉默寡言，有的刻苦勤奋，有的好动贪玩……这些迥然不同的个性一旦形成则较难改变。仅在课堂和课间，教师很难了解到学生的真实想法和家庭状况，更多地只是根据学生的学习态度、学业成绩、课堂行为表现来评价学生。因此，当听说学校倡导教师蹲下身来平等地与孩子交流、细心品味孩子的内心感受时，我这个当家长的是非常高兴的。那些家境不好、性格内向、缺少自信的孩子更需要得到教师的关爱、理解和帮助。只有教师走近他们，关爱他们，才能让他们信你、敬你，愿意在你的引导下健康快乐成长。

对于学生，教师平日更多地关注他们作业的对错、成绩的高低，而忽视了他们是有血有肉的、天真可爱的孩子。他们也有自己的喜怒哀乐，有独特的内心世界。

去年底，我在无意中看到了一份导师与孩子的书面交流材料——一场原生态的师生精彩对话。看完后，我真是惊喜万分！我的孩子在初中见了语文老师像老鼠见了猫，现在小家伙居然敢用近600字的篇幅对高中生物老师进行评论，叙述初中语文考卷比高中语文考卷好的"奇谈怪论"。孩子文笔流畅，见解独特，使我眼前一亮。但正当我担心老师会生气时，看到了生物老师刘老师用红笔写的近500字的点评。刘老师的点评让我看到了刘老师的大气、宽容。刘老师善于对学生进行心理解剖，循循善诱。过去师生的猫鼠关系扼杀了学生的自尊心和创造力，广大家长对此深恶痛绝。而现在的导师不但爱生如子，而且能与学生平等交流。正是这种真诚、平等的心灵对话，让师生之间的距离走得更近了。

其实学困生并不是一无是处，而是教师缺少发现他们闪光之处的眼光。哪怕是一个捡起杂物的细小动作、一次课堂上的正确回答，如果教师用期待的眼光激励他，点燃他心中的希望之火，让他从中获得自信和力量，那么孩子的成长必然会非常显著。

鲁迅先生有句话："教育是植根于爱的。"爱是教育的源泉，教师有了爱，才会用伯乐的眼光去发现学生的闪光点。

正所谓"亲其师，信其道"，如果师生之间互尊互敬、关系融洽、心理相容、情感相通、乐于交流、易于沟通，学生自然会对教师尊重、爱戴、感激、信任，会倾心于教师，乐于接近教师，向教师打开心灵的窗户，愉快地接受教师的教育。

（四）学生篇

导师制对我的影响

自导师制实施后，我的导师就一直是桑老师。选择桑老师的原因：一是我喜欢语文，二是我和桑老师彼此比较熟悉。桑老师会抽时间请我吃饭、聊天，谈谈我的兴趣喜好、学习生活。桑老师是良师，亦是益友，我们通过轻松的对话了解彼此，也减轻了我的学习压力。

导师制让我们选择喜欢的导师，可以帮助我们正确对待优秀学科或薄弱学科的学习。除了学习之外，导师也会关心我的日常生活，帮助我释放压力，解决生活难题，让我在学校得以全方面发展，提高了教育工作的针对性和实效性。

在导师制的影响下，我的语文成绩得以稳定，学习压力也有一定程度的减缓，我和老师们也能相处得融洽自然。

导师制对我的影响

导师制作为深高（集团）的一种教育方式，使我受益匪浅。我的导师是语文老师杨老师。杨老师和我之间建立了一种"导学"关系，这使我和杨老师的关系更加密切。她始终贯彻全程育人、全方位育人的现代教育理念。她成功应用心理暗示原理，从激发我的内在动力和养成优良习惯入手，对我进行成长教育，帮助我更好地适应现在素质教育的要求和人才培养目标的转变。她针对学生的个性差异，因材施教，指导学生的思想、学习与生活。她不仅传授知识，授之以渔，因材施教，而且通过定期交流分享经验，敦促我阅读相关书籍，借鉴其他同学的学习经验。通过学习培训，我掌握了文化知识和学习技巧，在思想、学习、心理等方面有了显著的提高。

导师制对我的影响

一个班通常由一位班主任来管理，但班主任还要备课，总会有管理不到的地方。如今实行导师制，最直观的感觉就是与老师的交流多了，老师更加关心我了。在老师与学生的交流上，老师关心的不仅是成绩，还有吃穿住行等一系列问题。在管理上，由"一老师一个班"转变为"一老师多学生"，有效地缓解了老师的压力。

高中是学生由青涩变成熟、从浮躁变稳重的一个成长阶段，是学生世界观、人生观、价值观树立起来的一个阶段。导师制与其说是管理学生，倒不如说是丰富学生，加强学生自身硬件，为学生未来的发展打下良好基础。导师培养学生自我观察、自我判别、自我选择的能力，一方面促进青少年学生的身心发展与学习进步，另一方面促进他们不断地调整、改变和发展自己的兴趣和特长。

在东校区实施的导师制中，导师以学生的全面发展为本，以尊重学生的主体地位为前提，关注学生的整体生活，建立师生之间积极、平等的充分互动，实现"教书"与"育人"的统一。我明显感受到了我与导师关系更进了一步，自己也变得更加自信与开朗。

（五）优秀导师经验分享篇

以己之"长"，育人成长

一、全员育人基本情况

三年以来，本人在东校区担任通用技术教师，一直以学校全员育人的工作宗旨为方向，在学校领导的指导下，积极参加全员育人工作。本人自从教以来，一直担任高一年级的导师。学校领导考虑到东校区学生远离家长，刚升上高中，在学习和生活中有各种不习惯和不适应的特殊情况，利用东校区大部分都是青年教师这一优势，提出了全员育人导师制这一德育创举。本人有幸在新的校区、新的平台上担任东校区第一任导师，并在随后的几个学年里见证了全员育人导师制慢慢地完善，也跟随学校全员育人工作的发展，不断提高自己的教育教学能力。

二、全员育人案例分析

在担任导师的三年半以来，我平均每个学期带领6—7名高一新生。我在高一新学年不断学习、不断进步，同时也在不断寻找最适合自己的全员育人方法，希望能够帮助学生面对新的机遇和挑战，使学生不断进步，进而度过高中阶段。在三年半的时间里，也有一些值得本人反思和学习的案例，在此分享给大家。

（一）热爱模型的林同学

在东校区建校伊始，我担任了高一21班和22班部分学生的导师。作为一位新老师，我和学生之间年龄相差只有6岁。学生更多地将我当成一个能够谈天说地的大哥哥，所以有很多话题与我分享，我也能够利用自己的高中经验给他们一些正面的积极的建议，帮助他们度过高一阶段。其中的一位林同学非常热爱科技制作和模型制作，在一开学就跟我讨论一些科技制作的比赛和实际操作，表现出极大的热情。作为通用技术老师，我在东校区这个全新的平台上也积极利用很多新的资源帮助学生参加科技比赛和模型比赛。但是林同学有着很多这个年纪男同学的共同特点，就是对新事物有很强烈的好奇心，同时又非常贪玩，希望自己能够做一些新的"武器"。面对这一情况，我经常在与林同学的相处过程中教他做一些好玩的有用的模型和科技用品，并告诉他：技术是用来造福社会的；虽然有些技术和产品很好玩，但是会对社会或他人造成不良的影响；应该从小事开始培养和平意识，善用自己的知识和技术。我在带学生去比赛的同时也督促学生多学习学科知识，因为只有在高中阶段付出努力考上好大学，才能在以后将自己的特长更好地发展成自己的专业。在我的影响下，林同学在原来基础较差的情况下考上了一所很好的大学，并选择了计算机专业，与自己的爱好相符，毕业后还常常想回学校和我一起沟通模型和科技制作心得。这也让我这个通用技术老师十分欣慰。

（二）专注力不足的小坤

在担任导师的三年时间里，还有个学生小坤让我印象深刻。小坤是一个学业较优秀的学生，其他科成绩都比较稳定，但是迟迟提高不了数学成绩。一开始的时候，小坤并不积极和我交流学习上的困难和心得。也许出于我是一个通用技术老师的考虑，有很多学生都不愿意和我交流这些学科上的事情。直到有一次我请学生吃零食，他们与我在办公室一起闲聊，我提到自己在高中阶段也有很多学习上的困难，但是通过自己的努力，不断克服，不断适应高中的学习节奏，才考上一所不错的大学。小坤在那次闲聊之后单独找到我，和我说他的数学成绩一直不好，虽不是很差，但一直不能提升。我让他自己找一找具体的原因，想想是学习方法还是学习目标上有问题。他进一步和我深谈。原来他为了提高自己的数学成绩，专门请了家教。在家教的辅导下，他的数学学科知识是超过班级里半数同学的，但是每次考试的成绩都不是很理想。小坤犯了很多学生都会犯的错误，在解决数学问题的时候态度不够端正，自以为已经有较强的能力，可以很轻松地解题，这就导致解题不够专注，明明能够拿到的分却因为自己的粗心而丢掉。

面对这种情况，我指出了问题的关键——态度不端正和专注力不足。虽然小坤否认自己态度不端正，但我还是希望他在以后的学习生活中把自己摆在一个合适的位置上，端正学习态度。另外，我还传授了一个提高专注力的方法——数独游戏，在课余时间多玩玩数独游戏可以有效地提高自己的专注力。这也是一个好玩的数学游戏，能够很好地提高他的数学解题能力。小坤很积极地接受了。虽然在后面的考试中，他的数学成绩的提升并不是很明显，但我相信他只要采纳我提出的建议，就会有收获。

三、全员育人经验分享

在我三年多的全员育人工作时间里，我遇到过各种各样的学生，有内向的，有外向的，有爱学习的，有爱玩的。无论是多么有特点的学生，我都能和他们相处得很好，也能给予他们一些自己的建议。我觉得作为一个非高考科目老师能够顺利完成全员育人工作，主要有以下经验。

（一）端正自己的态度

在一开始接触到全员育人的时候，我是疑惑的，因为对我而言这是一种全新的德育方式，我有些不太理解。但是随着全员育人导师制的逐步推进，我开始发现全员育人的优势。在高中阶段的学生会有很多不一样的问题，他们一般不会选择向自己的家长求助，而是会选择向与自己年纪相近的老师或者班主任求助。而班主任每一天的工作量较大，不能很好地兼顾学生的德育工作。在这种情况下，导师的优势就体现出来了。我这才意识到，原来我这个新老师也当上了班主任，虽然这个班只有不到 10 名的学生，但这是一个全新的机遇。不仅是对我而言，对于所有东校区的青年教师而言也是一个全新的机遇，它给了很多没办法参与德育工作的老师一个机会，一个更好地开展教育教学工作、帮助学生科学发展、帮助自己更好发展的机会。

因此，我认为在开展全员育人工作前，非高考科目的老师一定不要把这一项工作当成负担，而要把它当成自己做班主任工作，用热情和激情去完成。

（二）明确自己的目标

一位导师要明确自己的目标，要分析学生的基本情况，具体情况具体处理。比如，我的基本目标就是让学生养成良好的学习习惯，并找到自己的专业兴趣。

这就是我一直以来开展全员育人工作的目标，我也是这样完成的。因为我不是学科教师，没办法给予学生专业的学科知识，但是我也参加过高考和各种各样的考试，所以我的主要目标就是培养学生良好的学习习惯。比如，之前提到的小坤。他有和很多学生相同的不好的学习习惯和学习困难，我都会积极地去发现学生身上的问题，并给予一定的建议。

另一个目标是我会利用自己曾参与职业生涯规划的经验，帮助学生找到自己感兴趣和擅长的专业领域，帮助他们更好地选择学校和专业。我虽然不是非常专业，但是能够给学生一个支持他们不断学习的目标。学生有了目标，自然就会有源源不断的动力。

以上就是我个人参与全员育人工作的目标。每一位老师都不一样，所以在开始全员育人工作前，老师要分析学生的具体情况，明确自己的德育目标。

（三）利用自己的特长

一位好导师，特别是本身是非高考科目的导师，要学会善用自己的专业特长，比如音体美老师就可以利用自己的特长帮助学生。虽然学生不一定对这些科目感兴趣，但是也能受到影响。

我也会在课上或课后，利用相关的技术知识和经验去启发学生。比如，我会在上课的时候让学生完成模型的制作。学生也许不感兴趣，但是我会从另一个方面去启发他们——模型的制作就像生活中的很多事情，对数学题，你可能不感兴趣，但是你如果不去尝试、不去努力，那么就可能永远都不能解开这道题。又比如，我会在带学生比赛的过程中让学生多观察，培养他们随时学习、随时发展的意识。

以上就是我的个人经验分享。虽然很多经验都比较浅显，但是仍值得我们不断反思和发掘。我也有很多不足之处，希望在以后能够和东校区全员育人工作共同进步！

全员育人工作总结

东校区自成立以来，即推行全员育人导师制。这是为深入贯彻习近平总书记关于教育的重要论述，落实立德树人根本任务，进一步提高学校德育工作的实效性，形成"全员育人、全程育人、全方位育人"工作格局而实施的重要制度。作为一名青年教师，开展全员育人工作以来，既感到责任重大，也充满自豪；既面对想不到的挑战，也有美好的期许。现就我个人在全员育人工作中的心得体会进行梳理总结。

一、认真研读、学习《全员育人导师制实施方案》

年轻人应该自信满满，也应该谦虚谨慎、多多学习。每次学校召开全员育人工作会议时，我都会认真听讲，学习校领导对全员育人工作的总结和新学期育人工作的部署，揣摩、领会会议精神，同时加强对全员育人工作的自主学习。例如，拿到全员育人导师制工作手册后，认真研读《全员育人导师制实施方案》，明确全员育人的工作目标以及工作制度，尤其是导师职责、德育内容和具体要求，力求准确解读、领会全员育人精神，精准开展育人工作，以期最大限度地获得育人成效。

二、做足准备，知己知彼

虽然分配给我的都是自己教学班级里的学生，但是作为非班主任的语文科任老师，我对学生的了解，尤其是对语文学习之外的情况的了解，还是相对有限的。这肯定是一个阻碍。于是，我就第一时间对学生摸底，让学生填写家庭信息、个人兴趣爱好、性格特点、理想目标等信息，同时从班主任那里获取他们的各科学习成绩，询问他们性格方面的特点，最后根据自己的观察，对学生情况进行分析，确定第一次谈话的时机。性格开朗、外向些的学生可以早点开始，性格内向的可以等进一步熟悉后再开始，以减少学生的心理压力。总之，要知己知彼，根据学生的具体情况具体分析，灵活对待。

三、以欣赏的态度育人

每一个孩子都应该并且值得被欣赏。人无完人，尤其是未成年的高中生，他们每个人身上难免有这样那样的不足，甚至敏感的学生还会不自信，甚至有更严重一点的心理问题。这都不足为怪。要想育人工作顺利进行并取得成效，首先得让受导学生对导师敞开心扉，愿意和导师真诚交流。我认为导师对学生采取欣赏的态度更容易让学生接近导师，教育应该多运用皮格马利翁效应——

期望和赞美能产生奇迹。我相信就算没有发生奇迹，但总会有积极的效果，就好比练习书法，不一定人人成为书法家，但经过练习，书写会更整洁。于是，我在和学生第一次谈话前先尽量多挖掘学生的优点，赞扬他们的特长，然后谈谈理想，真诚地对学生寄予厚望。接下来是借各种时机鼓励他们。

比如，我这次分配到一个平时很内向的女生，安安静静的，从不违反纪律，但是完成作业情况不好，时常有交不出作业的情况，尤其是课堂上，从不主动举手，即使点到她的名字，她也不敢回答问题，总是很局促地沉默着。我就留意在她作业本上发掘优点，多鼓励表扬，告诉她如果实在不能准时完成作业，那么可以先做完一部分简单的，剩下的向老师说明情况，请求以后可以再补做或适当减少。但是不能不管什么情况都不吭声，这样容易让老师误会。我课前经常到她座位旁聊两句，或者告诉她要提问她什么内容，让她提前准备。半个多学期后，她大方了许多，在我面前开始有了笑容，在语文上有什么疑惑或者作业出现什么情况也敢主动向我说明、问询了。看到学生进步，我心里非常高兴。

四、抓住每一个小小的育人机会

高中生将时间安排得很紧，一天从早读开始到晚读结束，能够抽出来的时间并不多。老师几乎没有整块的时间来进行育人工作，因为在老师有时间的时候学生未必有时间。让老师和学生同时有时间进行育人工作，又不影响学生上课、自习，还真需要费点心思。所以，抓住课前课后几分钟这样的零碎时间显得很必要。

比如，有一次语文课，我走进教室，发现黑板还没有擦，一看值日生名单，发现当日值日生恰好是我的一名受导学生。这名学生是一名语文学习水平处于中上等的女生。我故意没有吭声，看她有什么反应、是不是忘记了。在打过预备铃后，仍然没有人擦黑板。我看着她，用手指了一下黑板，她猛地想起自己要值日、擦黑板，从座位上弹起，冲上来擦黑板。她由于走得比较急、推拉黑板用力过猛，把我刚插入一体机的 U 盘给撞弯了。她似乎还不知道发生了什么事。撞坏一个 U 盘没什么，我觉得这倒创造了一个教育学生的好机会。我先拔出 U 盘，当着大家的面盯着 U 盘出神一会儿，然后叹气说："这个 U 盘命不好，第一次使用就变成了'歪头申公豹'。不过它的牺牲是值得的，它告诉我们一个道理，即遇事要镇定，'事勿忙，忙多错'，越是急，越要稳。"虽然我没有对她一个人单独教育，但是她很不好意思地低下了头。我想这样要比上完课再对她苦口婆心地教育一番更有教育效果，因为我们很容易忘记这样的小事。正所谓"勿以善小而不为"，每一个细小的教育机会都不应该被放过。

五、有情感，有温度，更需有理智

人总是有感情的，学生和导师之间相处时间长了，关系自然就相对比较亲近，有些学生甚至会产生一点依赖。但是人生的旅程哪有一刻能停滞不前，人总会遇到新环境、新事物、新挑战，需要自己独立去面对，不能总待在一个安乐窝里。在高一选科分班后，导师碰到最多的事就是分到其他班的学生在课间或其他时间到导师办公室向自己的导师倾诉。这些学生的倾诉内容有对老师的不舍，也有面对新环境的不适应。对一般的倾诉，我都耐心倾听，安慰学生几句。

比如去年分班后，一个高高的大男生跑到我办公室说不适应新环境，更喜欢我的上课方式，情绪很低落。这时，我心里是很温暖的，因为受到学生的认可。但是感动归感动，我如果和他走在同一个情感方向上，那么只能让他低落的情绪更浓厚，适应新环境更慢。于是，我对他说："人总是要面对新环境、新挑战的，正是因为有不同的人、不同的事，世界才丰富多彩。老师理解你的心情，但是男孩子不要那么'多情'。再说了，你都还没开始上新老师的课，还不了解新老师，怎么这么快就下结论呢！遇到新环境总要积极面对，你要尽快调整自己，发现新老师的精彩。人生在世，不可能一切都是自己的理想状态。再说了，你说这些，新老师会有什么感受呢？不要想那么多，先好好回去发现新班级、新老师的亮点，两个星期后再下结论。"只有断绝了恋旧的念头，他才可能全身心地向前看。后来，他也很快适应了新的班级。

六、让学生进行自我管理

我在这次全员育人活动中又分到十三名学生。鉴于以往一对一地对学生进行育人谈话的时效性不够理想，这次我决定采用学生组建小团队，进行自我管理的办法。首先在这十三名学生当中物色一个合适的团长，让他负起导师和学生之间的联络责任，要求他平时注意收集、了解学生情况并及时与导师沟通。

我任命的是一名男生，他的优点是性格开朗、做事利落，缺点是语文成绩不好、在言行举止上时常不礼貌。俗话说"园子里不长庄稼就长草"，学生有事做，才不会"无事生非"。同时，我希望他因此和我有更多的交流，一边锻炼能力，一边把语文成绩提上去。在班级里面公开任命后，我交给他的第一个任务就是统计我的受导学生的基本信息。我在上午课间大致交代了一下要点，他下午便完成了，像模像样，结果让人很满意。每一次完成任务，我都表扬一下，并告诉他事情做得好，说明能力强，把这个能力迁移到语文学习上一样可以取得优异的成绩。当然，如果他有错误，那么我一样会在课堂上批评，而且更加严格，因为他性格开朗，也能理解老师。时间长了，他更加自信、自觉了，经常抓住课间机会问问题、请教学习方法，眼神真诚，对老师充满信任，平时的言行举止也改进了不少。相信随着时间的推移，他能够收获更多。

以上是我的全员育人工作汇报。在工作中我还存在着很多不足，请领导批评指正。我也会不断反思，在今后的全员育人工作中更加努力，更加耐心地对学生进行思想引导、学业辅导、生活指导，力争让每一名学生都更加健康全面地成长。

师者仁心，育人为上
——全员育人导师制工作体会

为深入落实"以人为本""立德树人"的现代教育理念，适应当前新课改的形势需求，深高（集团）全面推行全员育人导师制，特别注重德育与智育的均衡发展，尽一切可能关注每一名学生的现状与需求，采取双向选择机制，充分尊重导师和学生的意愿，经班主任统筹协调后，确定导师及受导学生，以生为本、因人而异、目中有人、尊重个性。东校区的全员育人工作开展得如火如荼。

2019 年 9 月，继高二年级实行分科走班后，全年级的导师与受导学生进行了重组。我有幸成为高二 31 班、34 班中 12 名学生的导师。有了前一年导师工作的些许经验，这一次接手育人工作时，我的心中少了迷茫与困顿，多了责任与担当。我告诉自己要潜心育人、真心付出，切实对每一个孩子负责，做学生思想上的指引者、学习上的辅导者、心理上的疏导者，为他们的人生指点迷津，帮助他们解除生活和学习中的困惑，促进其健康全面地发展。

我的育人工作大致分为以下三个环节。

第一，了解学生情况。为了充分了解我指导的 12 名学生的基本情况，我花了近两周时间，以多种方式与学生进行交流，走进学生的心田，使其建立心理上的认同感，并要求他们每人写一份自我介绍，其中包括家庭情况、兴趣爱好、各学科现状、人生目标及希望我给予的施导方向等等。

第二，制订育人计划。根据学生的自我介绍，以及向班主任和家长了解的情况，有针对性地制订育人计划，帮助其渡过生活和学习中的难关，对学生的错误思想及时纠正，对学生存在的不良行为习惯进行诊断分析，启发、引导学生认识到自身存在的问题，帮助学生培养良好的道德品质和行为习惯、确立远大的人生目标，从而建立学生生命成长的新起点。

第三，做好跟踪记录。十年树木，百年树人，教育是一个长期的过程。通过育人工作中详细的跟踪记录，可以了解学生的发展历程，适时调整计划和安排，以便育人工作有条不紊地进行。

回顾数月来的导师历程，我的育人工作初显成效，现结合几个案例谈谈体会。

传道、授业、解惑是师者之本。身为青年教师，我需要在育人过程中不断反思，提升自己的业务能力。我所执教的两个班级偏向文科类型，学生的数学基础偏弱，严重缺乏学习动力，而我施导的那些学生都是典型的数学困难户，数学分数普遍只能在 70 分左右。长期的数学低分导致他们对自己完全丧失了信心。据了解，他们也尝试改变现状，但由于方法不对或缺乏持久性，最终以失败而告终。长此以往，数学成了他们内心深处的痛点。"我明明很努力了，为什么还是考不好？""我是数学绝缘体！""我爱数学，但数学偏偏不爱我！"……这些话经常在我耳边萦绕。

陈同学便是其中的一个典型代表。她高一时没有好好学数学，对课本上最基本的公式定理都不熟悉。进入高二后，她下定决心好好学习，上课时非常认真地做笔记，每次测试之后都会详细地做改错本，分析出错原因。但一个月后成绩并未见起色，因此她开始怀疑自己的能力，上课不再听讲，也不按时交作业，自暴自弃，有了厌学、弃学的表现。为此，我深感担忧，找她谈话。在详细了解她的学习过程后，我发现她的学习策略和学习习惯存在很大问题。她貌似在用学文科的方法学数学，死记硬背，遇到难题并没有独立思考，不能把握知识的来龙去脉。她做了大量的誊写和摘录工作，耗费了很多精力，但效果却不尽如人意。为此，我分析了她学习方法上的不足，告诉她要用高效的学习方式，要在理解的基础上进行记忆，遇到难题要积极思考。此外，为了纠正她的不良习惯，我每天利用课余时间对其进行有针对性的学业辅导，帮助她及时解决课堂上遗留下的问题，并不停地鼓励她，告诉她"你可以的""你能做到的"。我也会在课堂上找准时机让她发言，并不停地表扬她。渐渐地，她拾起了学习的信心，感受到了数学的乐趣，成绩也有了显著提升。

当然，导师的作用不仅体现在"术"的指导上，更重要的是对被指导学生进行"德"的教育和引导，有必要时进行心理辅导，做学生生活上的好伙伴、思想上的知心人。邓同学是一个阳光开朗的男孩，上课素来很活跃，但有段时间我发现他开始变得沉默寡言，老是低着头、一副无精打采的样子。为了解缘由，我首先向他的好朋友打探情况，才知道原来他最近出现了情感问题，因表白被拒，受到了严重打击。为了帮他走出情感阴影，我约他打球，和他共同进餐，从生活中的话题谈起，营造轻松愉快的氛围，让他忘记我们是老师和学生的关系。这样一来，他就自然流露出了一些真实的想法，将积压在心中的负面情绪一吐为快，我也跟他讲了身边朋友及自身的经历，并以此劝诫他学会放下感情问题，应以学业为重。他渐渐打开心中的结，慢慢恢复了原来的模样。学生就是那么单纯可爱，当你向其倾注真情时，他会满怀感恩之心。后来，他常常来办公室和我聊天，甚至在元旦那天送给我写满祝福的小纸条。在育人的同时，我还收获了一份可贵的友谊。总之，多关心学生，对于学生全面健康成长和提高教育教学都具有重要的作用。

2020年是特殊的一年，疫情形势下停课不停学，育人的脚步也不能停歇。为了便于联络，我创建了一个微信群，随时关注学生的动态，询问他们的身体状况，在群里发布疫情通告及感人事迹，提醒他们注意防范，保护好自己。学生也会在群里分享他们身边的趣事。师生之间建立起了平等互动的关系。

细数过往，我有颇多感动与收获，当然也存在诸多不足。育人的道路没有尽头，作为青年教师的我还需在实践中不断摸索和改进，虚心向前辈学习，加快自身成长的步伐，加强自我心理储备，从而在导师制的开展中应对更实际的问题，转化更多的学生。

如今，全员育人导师制有效地促进了德育与智育的联动，促进了学校的和谐、可持续发展，也不断鞭策着我不断学习和成长。感谢学校提供的平台与沃土，我将继续秉承"仁心育人"的理念，在全员育人的行伍间努力奋进！

全员育人工作总结

苏霍姆林斯基说过，每个孩子都是一个世界——完全特殊的、独一无二的世界。作为全员育人导师，能够帮助学生在全面健康的状态下快乐成长，我觉得应该是深高（集团）最大的心愿。作为一名生物老师，我在这学期有幸成为12名学生的导师，在陪伴他们成长和学习的过程中我也收获了很多。下面，我想谈谈我在导师工作中的心得体会。

一、用关心和理解走进学生的心里

我面对的是高中生，他们大部分都处在青春发育期及心理叛逆期，他们在长大的同时心也更细了、更敏感了。所以，一个关爱的眼神、一声关切的问候都可能会在他们的心里激起波澜。对他们多一些关心和理解，他们才更愿意向你敞开心扉，诉说苦恼，畅谈未来。

班里有一名何同学，他高一也是我教的。他学习特别认真，也特别好问，几乎每天都会来办公室找各科老师问问题。但是高二开学后，我发现他在课堂上突然变得安静了，在办公室也见不到他的身影了，整个人变得很消极，对学习也失去了兴趣。通过询问班主任，才了解到他是因为个人问题才变成这样的。我找了一个空闲的时间，把他叫到办公室。我没有站在一个教师的角度去批评他，而是跟他分享了我的高中生活。我觉得作为导师，很重要的一点就是要有同理心，站在学生的角度去思考问题，青春期的他们总是或多或少地会出现这样或那样的问题，教师能做的是给予他们更多的关心和理解。我跟他分享了我的一些建议，也列举了很多同龄人的事例。在交流之后，他内心平静了很多。我相信时间会让他成长，我也会一直站在他的身后。通过这件事，我发现教师在做每一项工作时，应该学会站在学生的角度去理解他们的感受和体会。当学生暴露出问题的时候，不要上来就狂风暴雨般地狠批一顿，而应该首先表示同情和理解，让他不要从心理上立即把你列为敌人，而是应视为知己、可以倾诉的人。在他从心理上接纳你之后，教师再稍加引导，这样可能效果会更好一些。理解的力量很不一般。

二、用细心发掘闪光点

世界上没有完全相同的两片叶子，学生也是如此。由于遗传、环境、性格等因素的影响，学生存在很多差异，有的听话懂事，有的倔强顽皮，有的聪明伶俐，有的迟钝呆板……教师要承认差异，尊重学生的差异，要善于抓住学生的闪光点，在教育过程中要鼓励、尊重学生。下面是我教学中的一个事例。

班里有名张同学，他在生活中缺乏自信，经常不能按时完成生物作业，跟他交流后也没有得到有效的反馈。后来，我通过私下跟班里其他学生交流，了解到他最近在准备歌手大赛。我专门去听他唱歌，他唱歌非常好听。有一天课间，他来办公室，我跟他分享了听他唱歌的感受，告诉他每个人身上都有闪光点。那天的谈话非常顺利，他跟我分享了他喜欢的歌手、喜欢听的歌曲，我们的距离一下子拉近了很多。他慢慢地敢表达自己的想法了，也会来办公室找我聊聊最近的感受。在学习上，我给他定了目标，要求他每天按时完成作业，不懂就及时来问。慢慢地，我发现他很多时候都能按时完成作业，即使完成不了，也会到办公室跟我说在上课前补交作业给我。可见，一味地批评只会让学生反感，不如利用学生身上的闪光点，好好表扬一番，让学生感受到表扬带来的喜悦，让学生更有信心改掉身上的其他坏习惯。

三、用耐心逐步提高要求

中国有句古话叫"欲速则不达"。教师不可能用一种方法就让学生一下子发生转变，这是一个循序渐进的过程，学生的进步是螺旋式上升的。对他们提出过高的要求反而会让他们的自尊心再一次受到沉重的打击，所以教师对学生要有足够的耐心，根据他们自身的特点，在不同的阶段提出不同的要求，使他们"跳一跳，摸得着"、一步一个脚印地前进，慢慢恢复他们的自信。

由于黄同学生物成绩一直不理想，也没有学习的兴趣，他爸爸很着急，经常会打电话或微信向我了解孩子在学校的学习情况。我发现黄同学上课特别容易走神，于是我上课时会让他回答问题。刚开始都是一些简单的题目，他都能很好地回答上来，我就当着全班同学的面表扬他。连着好几次提问他，他在上课时有了紧迫感，听课效率明显提高。听他爸爸的反馈，他觉得生物好像并不难，上课认真听讲后很多题目都会做了。我并没有一下子给他定很高的目标，而是让他每天解决一个不懂的题目，要求他期末成绩提高5分。这个目标不高，他很轻松就完成了，这增加了他的信心。他的生物成绩虽然还是不理想，但我相信只要他有耐心，就一定会有收获。

全员育人工作是繁重的，道路是坎坷的，洒下的汗水可能会消失在土壤中，但是不要灰心，土壤终归要吸附汗水的。我相信，只要教师带着爱走进学生的内心世界，他们的心终究会被打开的。

全员育人导师制心得

进入高二，学校给我重新安排了16名受导学生，他们性格各异，有的活泼开朗，有的内向含蓄。他们的学习态度不一，有的同学有着较为积极认真的态度，而有的同学却还没有建立起学习的动力。

通过一个学期的育人工作，我将自己的心得体会归纳如下，作为上学期工作的总结。

有人说，一名学生就是一首诗，一个心灵就是一个世界。而我觉得教师教书育人、立德树人，首先要以人为本，因材施教，换位思考，去了解学生，带着对学生的爱与他们进行平等的交流。我作为一名年轻教师，经常扪心自问：成为一位优秀的教师，最重要的究竟是什么？是优美的语言、广博的知识，还是丰富的经验？我发现，这些都是一位优秀教师不可或缺的品质，但更重要的是有爱心。老师的体贴、关爱常常能让学生感到舒畅、亲切，一句恰如其分的赞扬和关心远远胜过冷冰冰的指责。上学期，经常有同学感冒发烧，身体不适，有的甚至会请假回家休息几天，等到他们回到学校，我会在课间来到教室询问一下他们的身体情况，嘱咐几句注意身体健康的话，告诉他们如果落下了功课，就来我办公室补回来。通过他们或羞涩或开朗的笑容和他们的一句"谢谢老师"，我能够感觉到学生的情感波动。这只是一件极小的事、一个微小的细节，但是我仍然觉得小事见真情，只有通过点滴的小事才能让学生感受到老师是时刻在关注关心他们的，在离家遥远的学校里读书，他们不是一个人在孤独地成长。

其次，要以身作则，注重言传身教，用实际行动"润物细无声"地影响学生，在学生心灵的沃土上根植美好和梦想。孔子曰："其身正，不令而行；其身不正，虽令不从。"教育实践表明，教师的道德品质、治学态度、工作作风、生活态度，乃至一言一行，都直接或间接地影响学生的心灵。在语文学科教学上，我注重知识的准确性、全面性以及与高考的相关性。想让学生端正学习态度，首先自己要有严谨治学的态度，在教学上与学生共同进步、教学相长。有一次，我跟一名受导学生单独交流，她与我聊了自己对一篇议论文审题立意的理解。虽然与最佳立意还有差距，但我仍然鼓励她积极思考、全面思考，在立意写提纲时多问自己一个为什么、多想想怎么办，多角度去分析问题、解决问题。之后，她的议论文写作有了一定的进步。

最后，将学习作为育人的切入点和关键点，在学习的过程中帮助学生找到属于自己的人生目标。我始终认为，明确的学习目标、良好的学习习惯、认真的学习态度、高效的学习方法、扎实的知识储备是每一个人能够获得成长、实现自我、活出价值的根本。在我受导的学生中，有几名同学的学习基础比较薄弱，他们学习成绩较差的一个重要原因就是没有学习目标、学习动力。现在的孩子，特别是一线城市的孩子，虽然物质条件都很富足，但是精神却十分空虚，甚至有得过且过、"混日子"的想法。在这一点上，我首先会找一个时间（一般是下午最后一节课下课到晚自习的这段休息时间）与这几名学生单独交流。首先去了解他们的想法，找到解决问题的突破口。例如从他们的兴趣爱好出发，对喜欢玩电子游戏的学生，我不会直接批评说教，因为直接否定会引起他们的反感和抵触，而是先问他们"你喜欢玩什么类型的游戏""你想了解游戏是如何制作出来的吗""你想自己设计一款游戏吗"，再引导他们懂得游戏需要策划、美术、音乐、编程、运营等游戏开发技能才能制作出来。结果证明，这样做得到的效果和反馈会更好一些，他们能更切身地去理解现在一点一滴的看似无聊的学习其实是实现梦想的基础。其次，从现实出发，通过讲述自己或朋友的求学经历，让学生懂得高层次的一流大学能提供优质的资源和广阔的平台，鼓励他们发现自己的兴趣，找到自己的目标大学和专业。最后，就是了解他们目前的学习情况，掌握他们每一科的测试、期中、期末成绩，及时与他们进行学习过程、考试成绩分析的交流，查漏补缺，精进学习方法。不过，学习是一个漫长积累的过程，虽然当下还没有从他们的成绩中体现出进步，但是我相信厚积薄发，量变引起质变，一年以后，他们终将不负努力。

教书只是手段，育人才是目的。教书和育人是紧密联系在一起的，这是一条最基本的教育规律。深高（集团）的全员育人导师制作为推进个性化、亲情化德育工作的一个有效载体，强调个性化、亲情化、渐进性、实效性原则，以生为本，因人而异，目中有人，尊重个性，面向全体，着眼于学生的整体成长发展，关注的是学生的精神生活质量与个性化学习需求，满足不同学生多样化发展的需求，让每一名学生张扬个性、享受成长的快乐。最后，让我们静待花开。

全员育人工作分享

作为一名非高考学科老师，育人是我日常工作的一部分。由于除了每天在课堂上课、课外活动、学校大小型活动上与学生接触外，与学生打交道的时间不多，因此日常育人工作大部分集中于活动课或体育课的闲暇时间。此外，通过谈话、聚餐以及娱乐，我将受导的12名学生归类为三种类型，即一是运动型（活泼类型），二是安静型（不喜欢运动类型），三是喜欢偶像、侃大山型（喜欢聊人生理想类型），展开全员育人工作。

我们都是过来人，熟知在高中阶段学生负担很重的压力，除了每天完成当天作业外，还要进行课外预习。在日常生活与体育课上很难看到学生真实的一面，因此在育人过程中，为了打开学生心扉，我直接面对面与学生谈心，真正了解学生心里所想的。开始时，学生是抗拒的。为了突破障碍，我承诺对学生的谈话与活动进行保密，并聊起个人高中的生活琐事，分享大学生活的点滴，从而引起学生的兴趣。

一、兴趣爱好是构建师生友谊的桥梁

高中学习生活枯燥无味，学生每天埋头题海，活动课与体育课成为学生挥洒汗水、释放压力的好舞台，平时沉默寡言的学生都会在这时候选择出来运动释放自我或者散步散心、畅谈理想以及总结滚动测试、期中考等问题。吴同学平时文静，不爱说话，爱好打羽毛球。我在体育课与活动课上都能在体育馆找到他的身影，也正是羽毛球运动拉近了我与吴同学的友谊。我们的故事是这样展开的：起初与吴同学聊天、共进午餐时，我问到学习问题与生活问题，他都是回答"还行"或者只是点头示意，没能把自己的想法说出来。后来，我在一次体育课上发现吴同学非常喜欢打羽毛球，他打羽毛球时感觉像换了一个人，而我之前本身也学过羽毛球，打起羽毛球来也有板有眼。因此，在一次体育课上，我拿起羽毛球拍与他切磋。他不敢相信足球专业的我也会打羽毛球。通过羽毛球运动，我打开了吴同学的心扉，使他分享了很多他在学习与生活上的有趣的故事，了解了他的目标大学。正是体育运动让我再一次回味高中生活，也正是因为兴趣爱好，我和吴同学才成为朋友。

二、做一名合格聆听者

全员育人导师制的一个好处就是分担班主任的一部分育人工作，而在分担班主任工作的过程中首要任务是做一名合格的聆听者。一方面聆听班主任开展日常育人工作的心得、技巧、成功案例等，另一方面在日常育人过程中聆听学生的生活与学习情况等。林同学是一名女生，平时不多说话、性格内向。在育人过程中，我找她谈话或者在学生食堂共进午餐时，她都表现得特别腼腆、害羞、不敢说话。有一次，我与林同学约好在田径场散步、谈话。原本只是简单的育人工作谈话，但顺着田径跑道走了一圈后，她一直没放开，没几句话聊。后来，她突然来了一句："老师，我和你谈话的内容，你会帮我保密吗？"我马上回答："当然，敞开心扉地说，这个是必要条件。"紧张的气氛突然消失了，她开始"话痨"起来，给我讲她的学习与生活，以及在高中阶段的有趣事情，诉说每一次滚测，期中考哪一科考得好、哪一门考失手了，以及考不好的原因。慢慢地，我发现林同学有很强的总结与规划能力，在自己的学习与生活上有着独特模式。在这次谈话后，林同学对我无话不说，月考后总会跑来办公室找我聊天。一名合格的聆听者不用一味地追求学生来讲，而应让学生发自内心地诉说。我们要做的就是了解学生所说的，然后去帮助他们。

三、培养一项体育技能

我是一位体育老师，又是学生的导师，有双重身份。在育人过程中，这个

"育"与体育有很多的共同点。在全员育人的过程中，我选择教会学生一门体育技能，体育技能不意味着就是体育运动，可能是欣赏体育比赛的能力、一个项目的裁判规则，还有可能是一个项目的基本功，甚至有可能是体育精神。导师通过不同渠道去培养学生一门独特的技能。在学校的活动课与学生聊天，师生双方都有收获。

另外，在育人过程中我还发现几点不足之处：一是解决学生问题的效率低，比如学生诉苦某学科压力大、学习提不上等；二是育人的持续性不强，因为每一个学期的受导学生都不一致。总之，德育工作任重道远，让我们共同努力创建育人好氛围，把学生塑造成品行文明、品德高尚的人。

全员育人导师制工作汇报

作为一位科任老师，说实话，我认为全员育人导师制确实给深高（集团）提供了一个良好的和学生心与心沟通的机会和平台。导师有理由主动去接触学生，学生也更加愿意和导师倾诉学习或生活上的烦恼。相比班主任，导师不需要更多的威严，可以像朋友一样交流，因此也更容易和学生亲近。但导师和学生的交流机会是随机的、有限的，导师能利用的面对面沟通时间仅是课余或者放学时分，如果想深入地开展育人工作，那么就需要花更多的时间找学生谈话。学校安排给我的学生有12人，都是我所教班级的学生。在实践中，我发现了一个不可避免的问题，即集体交流的局限性。比如，第一次约学生吃饭时，我特意买了水果，分装成12个小袋子，在食堂一一分发。名为吃饭，其实想了解他们日常生活和学习的情况。但是只聊了二十分钟就快到午休时间，并未尽兴。后来，我又找他们去办公室聊了几次，因时间仓促、人数较多，他们也比较拘谨，还没来得及畅所欲言，就匆匆忙忙回去了。等下一次叫他们过来，往往已经错过了最佳的教育契机。因此，我开始寻求改良与学生沟通的方式。恰好有一名学生是我的课代表，我让她当小组长，负责传递消息，收集组员们的学习和生活动态。遇到问题的学生，我主动找来谈话，这样既没有太多占用学生的时间，又能有针对性地解决他们在学习当中遇到的问题。此外，我还利用作业批语，针对他们的弱点加以点拨；让他们在开学时用小纸条写下本学期的目标，并将纸条放在我这里，等期中和期末的时候，由我单独拿出来给他们看，加以提醒和勉励；通过微信，利用周末进行交流；等等。实践证明，这样的管理方式更加行之有效。在我的努力下，多数学生在遇到学习或生活问题时都主动向我寻求帮助，比如选科时的两难、成绩的下滑、学习方法的困惑、生活习惯的养成等。

有一名比较特殊的学生，他看上去特别开朗，也有很多朋友，却有抑郁倾向，很少吐露心事。有一天，他借活动课主动找我倾诉，我带他到办公室外的楼道，看他状态不适合投入学习，就帮他请了假。我们聊了有一两个小时，我帮其排解不良情绪、认识自我、规划未来、培养学习习惯、制定短期目标（坚持每周末至少抽出不多于半小时的时间跳舞），要求他每晚花十分钟的时间反思当日所学，建议他在精力无法集中时放松一下，无须强迫自己。每隔一段时间我就询问他的近况，追踪他的学习情况。后来，这名学生的学习成绩逐步稳定，心态更加沉稳从容，心理健康指数不断上升，时常通过微信与我交流日常感受。

还有一名令我印象深刻的女同学，她的学习态度端正，但自卑、怯懦，经常否定自己，缺乏恒心，易随波逐流，极大影响了学习成绩。我以自己的求学经历鼓励她树立信心。当她与人出现矛盾时，我主动做他们的和事佬，让他们化干戈为玉帛；当她因学数学困难自怨自艾、打算放弃时，我鼓励她迎难而上，要求她每天多花十分钟解决一个数学问题，并进行持续性监督；分班时，她自己都没有想到分到了 21 班，在很多同学表示惊讶的情况下，她跑来找我，表示在重点班压力非常大，我鼓励她脚踏实地，抛去自怨自艾，用努力为自己增添信心。现在的她敢于迎接学习难题，成绩也在逐渐进步，假期也时常和我联系，还手写了一封感谢信。

我以为，导师更偏重的不是传授知识，而是通过育人帮助学生进步，让学生有人管、有人帮、有地方倾诉、有一对一的指导。反思过去的工作，我认为自己也有很多不足的地方。对一部分学生没有深入地沟通，而这也是我下一步工作的重点。开学后，我打算尽快找他们谈话，了解近况。此外，与家长沟通是一个了解学生的有效途径，但是我没有利用好，这是我今后打算尝试的一个方向。我要在适当时候寻求家长的协助，与家长携手，为学生的进步而努力。

新的学期我打算增加书面交流的方式，让他们将想说的写在纸上，放到我办公桌上，这也是一个比较节约而有效的沟通途径。在未来工作中，我要多阅读，从书籍中学习更多育人本领。最后，我要多向我的导师学习，在不断的实践中求索，逐步提升个人业务能力。

全员育人个人工作总结

自学校开展全员育人工作以来，每一位师生都参与到这场如火如荼的教育活动中，取得了良好的育人成果。在学校和年级的统一协调安排下，我承担了高二年级15名学生的育人导师工作。其中，既包含我担任班主任的高二34班的6名学生，也包含我担任政治教师的高二26、30班的9名学生。针对不同学生的情况，采用不同的育人方法，以期达到最佳的育人效果，是每一位参与育人工作的老师都在思考的问题。但因为班主任和任课教师的身份差异而导致的针对不同对象的育人方法的选择，却并不是每一位老师都能够有所感受的。我的育人工作就是从思考班主任和任课教师育人办法的各自特点这一方面着手的。

先来谈一谈班主任的全员育人工作。一般认为，班主任承担全员育人工作具有得天独厚的优势，因为班主任在日常的本职工作中就需要与年级、学校相关职能部门、家长、学生、本班内任课老师四方加强沟通。这也使得班主任掌握着其他导师无可比拟的育人资源：年级和学校层面提供更加充足的策略支持；家校联合提供更加全方位的监管协作；班主任身份自有的"威严"属性使得学生对于老师的意见更加重视；以班主任为首的班级教学共同体更有助于针对单个学生的群力群策、协同诊疗。

但这并不意味着班主任的全员育人工作就一定能够一帆风顺。凡事都具有两面性，看似好的一面在实际运作过程中往往有意料之外的问题。班主任固然与学生接触得更多，了解的情况和掌握的教育资源更加丰富，但班主任作为班级总的管理者的角色没有改变。虽然在日常管理中学生的自我管理能力被极大调动，但师生之间管理与被管理的关系没有改变。基于这两点，班主任在开展育人工作的过程中又天然地存在许多阻碍。这些阻碍包括：第一，学生和家长源自内心的抵触。一般情况下，学生以及家长天然地认为，老师联系自己一定是因为出了什么问题、犯了什么错误。预先的心理设防影响了师生沟通和家校沟通的流畅性，甚至可能出现事倍功半的效果。第二，长期烦琐的班级日常事务管理不断消磨班主任的耐心和细心。在育人工作过程中，如何更加细致地倾听、感受、思考、沟通，是班主任面临的又一大挑战；否则，全员育人将沦为表面功夫。

基于以上分析，班主任在开展全员育人工作时，应着力做好两点：一要创设情境，以真情换取真心。这一切都是基于用自身的真实情感去影响、感动和温暖学生。面对班上的一名谈恋爱的女生的时候，我并没有直接严厉地喝止，而是通过多次坦诚的谈话，帮助她梳理感情脉络。我了解到其恋爱对象目前正在一所高校就读，由此告诉她所有稳定的感情关系都是平衡的，必须让自己变得优秀，甚至比对方更优秀，才能在这段感情中确保安全，他们的感情才能长期稳定。而在当下，优秀的标准很简单，就是按要求完成学习任务，学习成绩的提升将使得自己和对方处于一个对等的平台。在长时间的鼓励、引导之下，这名女生的成绩相比之前有了显著提升，学习态度也端正了很多。相信她在感情和学习之间一定能找到平衡，实现人生目标。

班主任全员育人工作的第二点更加关键——耐心和细心，这是所有人都挂在嘴边的话，要做到却不容易。班上有一名同学，此前受别的同学的影响，学习态度消极，课堂情绪低沉，课后作业拖欠严重，各科老师都有一些怨言。为此，我和他本人以及家长通过各种途径加以沟通，但效果始终不是非常好，往往是一次谈话管两天，第三天又一切照旧、恢复原样。就在我感到失望、苦闷之际，学校最初为我配备的师傅韩老师的一句话点醒了我："你一定要爱学生！"真是金玉良言，一语惊醒梦中人。之所以认为这个学生身上有这样那样的问题，其实是因为老师眼睛里只盯着这些问题说话、办事，而忽略了一个人的完整性，其中，不仅包括那些他目前做得不到位的地方，也有许多他做得很好但在日常教学评价体系中被老师所忽视的地方。只关注问题而忽略闪光点，是老师的思维惯性。老师如果不突破这个问题，那么就无法保持耐心和细心，就不可能做好育人工作。所以，在此后的几次谈话中，我从他的艺术特长聊起，鼓励他在坚持自我选择的同时，帮他分析当下学习中的薄弱科目，勉励他在这些科目上树立自信、多下功夫、攻坚克难，激励他追求总体成绩的进步。在上学期的期末考试中，他的多科成绩比之前都有了不同程度的提升。

此外，还要谈一谈任课老师的全员育人工作。相比于班主任，任课老师和学生、家长的接触比较少，往往仅限于自身任教科目的课堂管理、课后作业的督导、科目测试等等。但任课老师和学生的距离却往往比班主任更近一点，更容易获得学生的信任，这是任课老师的优势。我在开展育人工作时，很大一部分是以任课老师的角色和受导学生相处的。我的个人感觉是，这样做，气氛往往更加活泼、轻松。在此过程中，实际上还要注意两点：一是对宽松程度的把握，不论师生关系如何友善亲密，师生沟通的教育严肃性都要保持；二是科任老师不仅要关注自身所授科目学生的学习状态和成绩，更要关注学生整体成绩的进步与发展。除此之外，及时与班主任、家长、其他科任老师进行专门沟通，对于进行更加深入细致的谈话引导是非常必要的。在这一方面，有一名同学让我记忆格外深刻。这位同学选科之后成为我的政治教学班中的一员。但他的政治科目成绩始终不尽如人意，某一次考试甚至严重拖了班级的后腿。在和这名同学的班主任、家长沟通交流过程中，我发现这名同学并不是没有下功夫，只是在各科学习过程中没有协调好时间，最终疲于应付，让自己的情绪也变得烦躁、低落。了解到这些情况之后，我和这名同学进行了一次深谈。我先请他在一盒枣里面挑一颗吃，他选择了最红的一个。"为什么这样选？""红枣比较甜，最好吃啊。""如果这一盒枣都给你，那么你会先吃哪一个？""那先挑一般的吃，将好的留到后面。""那学习的时候怎么只挑自己喜欢的，对感觉费劲的就轻易放弃了呢？这样到后面，坏的越来越坏，好的也被拖累坏了。""嗯嗯，我明白，谢谢老师。"一盒枣让学生明白在时间有限的情况下，为了实现整体利益的最大化，一定要从弱势短板做起，想法子补齐短板，而不是只挑一颗最红最甜的枣子吃下去，那是非常短视的做法。这样的引导最终达成了很好的教育效果，这名同学的弱科不断地补齐提高，整体成绩也有了喜人的进步。

全员育人工作任重道远，以上仅是个人在开展育人工作过程中的一点思考和总结。在此过程中，学校提供的平台至关重要，领导、同事给予的帮助长存心中，学生家长的积极配合为工作的开展提供了最大的支持，这些都是我需要感谢的！前路漫漫，路到中途更要奋蹄扬鞭。育人之路没有结束之时，思考和总结是为了将来取得更大的进步。细细想来，我的工作仍然有许多细节需要完善，同事和前辈中也有许多先进的经验方法值得借鉴，未来还值得更大的期许！

全员育人经验分享

新的学期里，我有幸成为高一 22 班部分学生的全员育人导师。因为班主任的良苦用心和综合考虑，我的受导学生化学基础都较为薄弱，我知道他们需要我。

根据对他们的了解和学生的自我评述，我发现他们因为学不好化学，大都较为敏感，对我有些许恐惧心理，严重的甚至在化学课上都局促不安。我记住他们各自的性格特点，开展了第一次尝试性的沟通。在之后的教学活动和课后交流过程中，我都会根据他们的被关注愿望，充分保护他们的自尊心和自信心。在整个育人过程中，用心沟通是十分必要的。如果有机会打开学生的心扉，那么他们会展现出很多平时不容易见到的面孔。

不管是工作还是日常生活，我都较为推崇极简主义，在处理很多化学教学问题时体现得格外突出。化学知识点庞杂繁多，如果让学生掌握我讲过的每一个知识点，那对他们来说是很大的负担，尤其是我的这批学生。事实上，他们中很多人并不能辨别出重点和非重点。我在整个教学活动中都铭记这一点。正式备课前，我都会先了解高考考点，然后再刷一定量的高考真题和相应章节的练习题，明确每一节知识在整个学段乃至高考中的地位，把握住重点和难点；备课过程中，我始终以最低能力评估我的学生，在此基础上我会结合很多其他优秀教师的讲课思路，大胆地对知识点进行删减，去掉不重要的可能会增加学生负担的内容；教学实施过程中，我始终关注学生对重点内容的把握情况，适时地通过 PPT 字体颜色、必要的语言提醒学生关注重点内容，并根据学生们的反馈情况适当增加部分内容；课后，我会主动了解学生的掌握情况，如果对某些难点他们实在没法理解，那么我会说"大胆地放过去吧！没关系的"。我总是这么安慰他们，但对重点内容我又很严苛，总是要求他们尽自己最大的努力去掌握，并抓住一切机会去鼓励他们，让他们相信学好化学其实并没有那么难。

尽管最后我的学生中选化学的不多，但我还是替他们开心。一方面，由于他们的基础实在薄弱、确实欠缺化学思维，不选化学对他们来说是更好的选择；另一方面，至少在这一学期他们不曾放弃过，因此努力过后即使发现确实不合适学化学，也没什么可遗憾的了。

一直以来，我对自己的要求都是在上好每一堂课的基础上力所能及地帮助我的学生。我所做的不多，但我始终记得在自己的学生生涯中我是很期待老师的关注的，哪怕一个很不起眼的小举动，都能温暖我的整个春天。身份变换后，我愿意一直做那个温暖学生的领路人。

全员育人方法探索与分享

2018年秋，东校区推行了全员育人导师制，而我也成为高一22班八名学生的导师。刚刚毕业的我在当上导师时立即脑补了自己读书时与导师共餐、与导师会面时的畅谈，既兴奋又激动。八名学生也相当激动，大家欢呼鼓掌。在那次见面会后，我跟他们说以后可以组织聚餐。说到吃，他们更加兴奋，要可乐、烧烤、炸鸡……感觉投入导师的怀抱就想放飞自我了。但是我考虑再三，为了健康，养生的我为他们搞了一个水果餐，组织了一次在食堂的九个人的聚会，所以这次聚会上我看到他们脸上的兴奋逐渐凝固。但是令人安慰的是，水果都被他们吃光了。在这次聚会上，我也感觉到了他们不同的性格和相互之间的关系，他们各有特色，有亲近我的，也有尽量想应付、避开我的。所以，我发现"革命不是请客吃饭"，接下来的工作还是蛮有难度的。到底从什么地方做起呢？

我开始思考一些问题：

导师的任务是什么？导师为学生提供理想、学业、生活、心理和生涯等方面的指导。

如何开展导师工作？实施导师制是促进高中生发展的需要。学校对导师也有着全方位育人的要求。

高中生的发展需要什么？提高成绩，对临界生进行转化，为茫然的高一新生提供建议？因此，我调出了他们高一第一次期中考试的成绩和中考入学成绩。

然而，入学成绩和第一次期中考试成绩没有必然联系，九大学科的成绩也纷繁复杂，高一新生尚未稳定学习状态，因此仅以成绩找方法，有些行不通。

于是，我抛开成绩，开始与学生约定在食堂共进晚餐。学生很忙，只能边吃边聊，但是每当谈到成绩时就觉得沉重。从他们支支吾吾的言语中，我能看到他们的迷茫和无助。渐渐地，我意识到方向大于努力。在第一轮谈话中，我开始注重多跟学生聊一聊选科问题和规划问题，毕竟九大学科的压力对有些偏科的孩子来说非常吃力。因此，我渐渐将工作重心放到了高中生的生涯规划这一块。在学校开展教师研习坊的契机下，我把我的想法落实到课题上，申请了"全员育人导师对高中生涯规划教育策略研究"这一课题，进而在我自己组内的学生身上开始试验我的想法。

全员育人工作重点定位：通过内部探索与外部探索，找到学生的探索兴趣、气质类型、性格特征等内部因素和当前职业发展前景、就业环境、新高考选课改革、各高校对选课要求等外部因素。长远来看，帮助学生找到一条合适自己的路；短期来看，帮助学生找到适合自己的选科方向，尤其是对刚进入高一的同学来说，有助于他们尽快找到合适的学科，而不纠结在自己的兴趣、有限的能力、爸妈的期望和自己的想法上。

案例分享：李同学，性格内向，喜欢读书，思维偏向文科。由于不太扎实的历史基础，他还在犹豫选择物理还是历史。由于学习能力有限，他高一两次考试的班级排名一直在第三十名左右（班级共 46 人）。

因此，在与李同学的沟通中，我从内部探索和外部探索入手，首先帮他分析自己，从思维和知识储备两个角度告诉他其实更偏向文科，并抓住他对历史学科的兴趣，在谈话时帮他拓展视野和拓宽知识广度，发挥他的擅长之处，以至后来他经常在周末还在微信上问我问题，跟我谈他最近看的书。《毛泽东选集》和《资本论》都是他所喜欢的。有一次，他看不懂"一些落后因素对资本的原始积累的作用"这句话，就拍下来问我。刚好我也在看另外一本书，而这本书恰好谈到这个说法。于是，我立即把我看的书拍下来发给他，让他自己对照来理解马克思的观点，然后再给他解释。他其实是有读文科的想法，但是他的爸妈考虑到就业等问题，与他想法不同。因此，我又通过外部探索，经常跟他聊历史学科分类、目标大学、就业方向等，让他自己去匹配一个合适的专业和大学。渐渐地，他的选科倾向更加明显了，在平时的学习中也更加地有方法和侧重点，班级排名从第三十名到第十一名，东校区排名从第五百多名到第二百七十名。到了高一第一学期末，他的文科优势更加凸显，政治排名第二，历史排名第一，地理排名第四。

通过在高———年的全员育人工作中不断探索寻找，我深感帮助学生进行生涯规划指导的重要性。在以后的育人工作中，我依然要实行规划指导，把全员育人工作深入拓展下去。

如果说一千个读者眼中有一千个哈姆雷特，那么全员育人工作就是同时在阅读很多本书，而每一名学生都是不同的书，每一位老师又有不同的方法。方法千万条，只待老师找。我将在今后的育人工作中继续努力，就像我的导师的育人格言说的那样："师尽心，生进步，师生共同成长。"

倾听—理解—指引

首先我先跟大家分享一下我对全员育人导师制的感受。当我第一次听到全员育人导师制这项制度时，我是非常开心和兴奋的。因为我站在一位教师的立场，希望除了在课程上教导学生以外，还能够更多地去接触学生和了解学生，并且给予学生一些正确的指引，在德育上给学生一些正确的影响。但我是非高考科目的教师，每周只有一节课的时间，其实是比较难去实现刚刚说的这些的。所以我对全员育人导师制非常感兴趣。

结合此前全员育人工作的经验，我认为全员育人工作给我最大的一个经验就是要学会先去倾听学生，慢慢地理解学生，再去指引学生往更好的方向发展。也许是因为我教的是非高考科目，我指导的学生在我面前没有什么拘束感，而且我也比较喜欢跟学生分享一些我个人的兴趣爱好，或者我在成长过程中同样遇到过的困扰。我也会跟学生聊一些他们的生活趣事，所以学生也比较喜欢跟我聊天。而我会在聊天的过程中倾听他们的细微想法，了解他们的兴趣爱好、性格特点和思想变化，然后在后面的全员育人过程中有针对性地加以指导。全员育人是一个任重而道远的工作，需要老师不断坚持。

我每一次开展全员育人工作的时候，都会首先去了解学生，听他们谈自己，无论是兴趣爱好、生活学习上的困扰，还是理想志向，我并不会过多地去评价他们的这一些想法和做法。比如，有一些学生会跟我说他喜欢玩游戏，希望能在游戏里面达到什么样的段位、达到什么样的成就，我首先不会对他的这一个兴趣做过多的批评，而是会在后面的交流中给他一些意见，让他意识到游戏中获得的成就感是空虚的，而在现实生活中的不断超越才是最让人高兴的。而在后面的全员育人过程当中，我会针对一些比较突出的问题，给他们一些正确的指引。我发现学生在高中阶段会比较迷茫，特别是在面对新高考的多种选择时就更加容易迷失自我，所以我会非常注重帮他们找到努力方向。因此，我会用自己职业生涯规划的经历帮他们做一些职业兴趣的评测、职业价值观的评测，然后从职业方向出发，帮他们逐渐找到自己感兴趣的专业方向以及选择科目的方向。这个过程也让我收获了许多。其实，我一开始以为很多学生在选择专业和职业上是没有自己想法的，但是在这个过程中，我发现学生是有一个初步的预期，但是并没有非常明确的努力方向。所以，我会选择去听他们的想法，去理解他们为什么会这样想，然后在这个指导的过程中帮助他们去梳理和明确自己的方向。指导他们的过程也让我提升了很多，正所谓教学相长。

最后，我觉得全员育人工作是一个缓慢且值得不断坚持的过程，老师要在倾听和理解的基础上给他们正确的指引。老师能做的是努力浇灌和呵护，静待花开，而非揠苗助长。

全员育人经验分享

去年金秋，我怀着一颗崇敬的心，进入了深高（集团），成为一位青年班主任。而后在校方的指导下，我成为一位全员育人导师。在学着初为人师的同时，我深知全员育人工作既是挑战，更是责任。

刚接手全员育人工作时，我也迷茫、困顿过。有幸在前辈的指点下，我对工作有了逐渐深入的认识，并践行到具体工作之中。

全员育人，关键在育，育在用心用德，育在切实帮助学生品行、学识的全面发展。而在实际的工作中，对于育人工作，我始终关注学生品行、学识的全面发展，坚持"一梳一导"的基本工作思路。

"一梳"是指在全面、深入了解学生的基础上,梳理学生的发展现状和阶段,探究学生在当前发展阶段下的困难所在,思考学生行为习惯及其问题养成的深层原因。在与学生不断沟通的过程中,在充分、有效把握学情的情况下,应切实了解学生难在哪里、需要什么,最终发现问题,对症下药。在这其中,周记本、家校沟通、个人谈话等都是有效途径。

"一导"是指尝试努力真正地站在学生的立场上,努力发现学生成长发展的最有利方向,并适时抓住关键矛盾,运用疏导的方法,帮助学生解决困难,提升自我,实现育人目标。在这其中,育人以尊重为先,以疏导为要,品学并举。

在为期一年的教学过程中,我坚持"一梳一导"的工作思路,与班主任工作相互配合,育人工作也初见成效。在此,请允许我举出两个案例。

其一是我原班级的家轩同学。他曾是老师和同学眼中不知学习、不守纪律、不敬师长,甚至谩骂老师的问题学生。他性格倔强、自我意识强,老师与其沟通困难,教育难度大。但问题总有解决的办法,在多方面的交流沟通后,我发现家庭因素以及长久以来感恩教育的缺失是导致他出现行为偏差的重要原因。在这种背景之下,适时地以关怀学生的方式拉近距离,打开教育窗口,以感恩教育为契机,正确地引导其品行和价值观念的转变,则成为我接下来工作的基本方向。经过一学期的沟通教育,家轩同学在尊敬师长、待人接物上有了巨大的进步。这种成长是老师能切身体会的。正如在课间操结束时,他从背后拥抱老师的一幕。在那一刻,我深刻地感受到学生对何为师长、何为有礼的处事待人上明显的变化,他正向形成有品行、能敬畏的良好特质努力。我相信他这样的一种改变能够在未来的某一个人生节点上,为其提供机会和帮助。这也便是教育的巨大意义。

其二是林同学。她是一名在高一入学之初就曾因自己 57 分的语文成绩而直言"老师,我就是笨,就是傻,不会学语文"的学生。自信心薄弱、学习方法不当成为限制她发展的瓶颈。而教育问题与教育机遇是相伴相随的。语文学习是其心理和学习上的重要阻碍,但也成为她学习道路上破除自我疑虑、推动自我积极努力、各科全面发展的关键突破点。在抓住这样的一个关键矛盾后,我在教育过程中对她有意识地积极鼓励,展开有效的语文学习方法指导,并以阶段性目标的培育方式推动她自信心的提升与持续努力。最终,她在期末语文成绩一跃 113 分的同时，各科成绩提升明显，成功进入年级前百名，也成为班级中勤奋学习的榜样。虽是一次成长，但她收获的影响是深远的。在学生的昂扬向上的表情里，我也深信这一段逾越困难的经历以及自信心的提升，会成为她未来全面长远发展中重要的推动力。而这都是在全员育人过程中实现的。

这样的教育案例还有不少，但与此相应，全员育人工作还有诸多的疑难问题有待克服。教育的漫漫长征路从来不会是平坦、顺行的。一个人走得快，一群人才可以走得更远。个体育人与导师团队的建立都十分迫切与重要。

全员育人，不仅在"育"，也在于"全"，全师全导，促成全员全育。在学校的有力组织下，全员育人导师团队得以形成，全员全育的目标逐步实现。在此过程中，我也非常有幸与八位优秀教师组成团队，共同参与班级内全员育人工作。各位导师聚焦具体分管的育人对象，由点及面，最终实现对全体学生的全覆盖教育。导师间共同讨论学生近况，不定期交流学生问题，共商教育方法和策略；导师共同参加班级活动；等等。通过导师团队的共同努力，整个班级学生都尽可能地得到了直接、有效、具有针对性的多方面指导教育，这不仅提升了教育的精确度，更在教育的质量上实现了大的飞跃。

同时，在践行全员育人的过程中，我个人也收获颇丰。

首先，全员育人给予我精神上的充实。

初登讲台时，我已然尝到教书育人的不易，但每当在看到学生品行、学识上有所进步、学生疑难问题得以解决时，我心中由衷地欣喜。在分班当夜的晚自习，全班同学涌进办公室时，我流下真挚的泪水，十分感动。而这一份感动，是因为一位老师能享受到其他行业人所难有的人生体验，这一种独特的幸福感是对我育人工作和"真诚待人，说到做到"做人原则的一种肯定。这些都让我十分骄傲。参与全员育人工作，是自我价值的一种实现方式。

其次，全员育人也促进了我的专业成长。

"教师不应该只耕好责任田，更要大力开拓自己的自留地"，这是邵校长谈及教师发展的话语，让我印象颇深。在全员育人的过程中，教师应在不断育人的工作中，针对教育实践中发现的问题，不断调整、思考、研究育人策略，积累教育经验，提高自身的教育能力，深化教育思想。全员育人不仅是对学生的教育，也是教师自我成长和发展的重要方式。经验的积累、能力的提升、视野的开拓都与全员育人的工作经历密切相关，我十分庆幸能够在这种具体的教育工作中茁壮成长。

最后，作为青年教师，我在开展全员育人工作中还存在诸多的不足和问题，还需请诸位前辈同仁多多批评与鞭策。我定会在日后的工作中不断改进工作方法，提升工作水平。同时，非常感谢一直给予我珍贵指导意见的学校领导和师友同仁，感谢深高（集团）提供的机会和平台。希望学校在立德树人、追求卓越、科学发展的道路上，在师生并进、全员育人的行伍间努力奋进。

第五章

生态化办学实践：全程研修制

不论是苏霍姆林斯基还是于漪，不论是顶尖教育家还是普通教育名师，他们共同的一点就是能做与学生心贴心的师长。为此，深高（集团）实行全员育人导师制。一方面，拉近了师生之间的距离，为师生创造更便利的心灵交往通道，激发学生求学上进的精神头；另一方面，全员育人导师制有它独特的效力，对青年教师有着莫大裨益。前者体现为全员育人，后者则体现为全程研修。

全员育人和全程研修，促进了学生和教师实现双赢。有效的制度建设促进了学生全面发展、教师专业成长和学校教育质量的提升。教与学相长，教与育互成，形成了师生成长共同体。全员育人全程研修双轮驱动的师生成长共同体一旦形成，可以为青年教师成长提供可操作的方案，为学生素质提高提供切实可行的途径。全员育人育化未来，全程研修研习筑梦。全程研修是为了全员育人，全员育人又助推了全程研修，二者互为因果，又彼此赋能。让教师点化学生，让桃李芬芳教师，师生协同共进、相互成就，可以说是对教育立德树人初心的最好坚守方式，是学校弘道养正使命的最佳践行途径。美好的教育生态也许就是让师生相互成就。

第一节　全程研修制的宗旨

当下国内外普遍加大教师研修的工作力度，各国都十分看重教师研修。相对而言，我国教师具有较为宽裕的研修时空，缺的只是教师研修的针对性、实用性和有效性。因此，在当前我国教师较国外教师研修有一定优势的形势下，如何把教师研修引向深入，使其完好地融入教育教学工作的日常事务中，是一个急需解决的重大现实课题。在新课程、新课改的大背景下，绝不能把教师研修简单地看成是修完继续教育学分、听几节课、开几次研讨会，而是要切实设法通过课题的实施、方案的制订，实现教师与学生的共同成长。也就是说，教师研修的成效一定是在教师自我专业成长的同时，切实促进学生的成长，在教师自身获得提升和进步的同时，也让学生在学业、身心、素质等方面获得实实在在的收益。

从深高（集团）的微观层面看，深高（集团）东校区作为新建校区，新入职的教师多，且以青年教师为主。如何让这些新手尽快进入教育教学的最佳状态，尽快形成特有的教风、学风，成为急需解决的现实问题。问题的关键还在于，对于新入职的青年教师或新加盟团队的教师来说，如果从一开始，不将其个人业绩的提升、职级的晋升与学生的成长全面地捆绑在一起，使其从工作的第一天起就进入一种紧张、热烈、有序、积极、向上的学习、生活、教研和工作状态，那么这些教师也许很快就会陷入精神懈怠、工作倦怠或者平庸无为的状态。显然，后者是教师管理工作之大忌。

面对这种教育难题，深高（集团）顺势提出了自己的解决方案——全程研修制，与全员育人导师制并行，作为教研同步的第二条路径。

全程研修制指的是，所有高一年级的教师不分主副学科，全部参加为期3年的导师与研修计划，其中有若干刚性指标必须完成，否则视为研修不合格。如果3年内出色完成研修任务，受导学生素质明显改变、学业成绩优秀，那么指导教师可获评"双全标兵"。

建立教师的全程研修机制，就是要组建教师研习坊，以教学研究和德育探究为课题，全面提升教师的研修和育人能力。在具体实践中，有些教师围绕全员育人开展了"全员育人导师对高中生涯规划教育策略研究""全员育人导师如何有效追踪学生身心发展"等研修活动；有些老师以问题为导向，围绕解决学生的现实问题开展了"如何有效帮助学困生跨越学习困难""从班级管理角度看心理障碍学生的教育和管理"等系列主题研修活动。

这种自上而下的研修机制，强调全程参与、全程陪伴，不但能使教师，特别是青年教师，从入职初期就进入学习和研修状态，保持持续学习、持续研修的进取状态，而且把教师研修引向深入，使其融入教育教学工作的日常事务中。

导师与研修计划主要针对新入职的青年教师，使其从一入职就进入一种教研一体、教研相长的状态，自觉把教育职业看成是教学研究一体的事业，培养教研一体的方式和职业样态，进而养成一辈子的好习惯。而不像一些过来人那样，在长期的职业生涯中无法把教研有机地统一起来，只管教学，弃教研于不顾，或者总认为两者是对立的、矛盾的，顾了这个就顾不了那个。

无须多讲道理，关键是要在具体的实践中加以培养，让其在过程中体验这样做的好处，继而形成自觉的职业习惯。前面谈到的导师工作组，在这里也成为促进教师成长的团队。导师间频繁交流沟通，讨论学生近况，共商教育方法和策略，让学生都尽可能得到直接、有效、具有针对性的指导教育。今天回过头来看，课题实践几年来不乏这样成功的例子。几位青年教师抓住了这一机遇，在这个平台上较好地实现了师生、教研相得益彰的最佳效果（具体案例参见"优秀导师经验分享篇"）。这是一大突出亮点。至此，深高（集团）也算是找到了让青年教师尽快进入状态、快速成长的正确门路。

实质上，深高（集团）通过全程研修制，让青年教师开展导师与研修计划，目的在于推动教师保持学习进取状态，促进教师成长，从而使其真正学会以善爱人、以德传人、以智导人。

一、教师要以善爱人

"仁者爱人"是儒家文明的核心，延续千年。而这种生命力来自哪里？来自人的本性和民族性与文化的固有属性。善是爱的前提，没有善良的心灵就没有爱的源泉。大学之道，在明明德，在亲民，在止于至善。其实，人性是相通的，西方教育思想的源头也十分重视以善爱人，把善的教育意涵充分释放出来。"以善爱人"的本质是以人性唤醒人性，以师者之善良、慈悲之心唤起少年学子善良、慈悲之心。为己之学与为人之学的区别就在于后者不是自私自利，而是博爱利他。古人早就明白这样的道理，人是群居的动物，人是社会性的存在，人是政治动物。要使这个集体和谐相处，个体就必须以利他为起码的准则。教师不是为了生存混一口饭吃，而应以学生的成长为己任，视学生如亲生，甚至超越亲子关系。

事实上，教育史上传为佳话的故事案例屡见不鲜，这一道风景线正是教育这个行业的最鲜明特征。教师面对学子就要像蜡烛一样燃烧自己，照亮别人。

从理想信念来说，这叫崇高；从职业分工来说，这叫教师的本分。因此，那些成天只想着个人一己私利与功名利禄的人，就显得与这个职业和身份极不般配了，而这也是对"人类灵魂工程师"荣誉的玷污与亵渎。

改革开放的先锋人物于漪就是代表。于漪荣获"改革先锋"奖章，是因为她想自己少点，想学生多点。于漪的母亲是半文盲，但母亲对孩子的教育影响深远。她一再告诫孩子的是：第一要心地善良，这才叫人；第二要勤劳，自己吃点亏、吃点苦算不了什么，只要力所能及帮别人就好。于漪一生尊重两位教育家，一位是陶行知，一位是苏霍姆林斯基。平时她要求学生不得喊他人的绰号，可是有一次她禁不住喊了一名女同学的绰号，事后总觉得很愧疚，于是向那名同学道歉。从教这么多年，她没骂过一名学生，没挖苦过一名学生。在一次次家访后，特别每当走进家境不好的家庭，她都会遭受一次心灵的洗礼。于是，她把自己的收入拿出来，帮那些孩子。一次，她来到一个工人家庭，这个家庭全家就一间房，房子里除了一张床，什么都没有。她出钱帮这家孩子治好了肺病。她说，"学生的事就是教师心上的事。什么叫教师？学生的天就是你的天，学生都是你的儿女，所以我说师爱超越亲子之爱"；"我一辈子做老师，一辈子学做老师"；"我不断地反思，我一辈子上的课，有多少是在黑板上的，有多少是教到学生心中的"。

当然，人都要生存，都有追求幸福生活的权利。笔者的治校原则并不否认这一点，只是想提醒各位，当下不存在物质意义上的生存危机。即使是新入职的教师，衣食住行也样样不缺。教师作为精神服务者，对这样的物质生活条件应该满足了。如果还怨声载道，那么就是不合理的诉求。

物质、精神一个都不放弃。对该争取的物质待遇，学校会尽全力；对合理的诉求，学校都会积极争取；而超出合理范围的过分要求，学校不仅不予以理会，而且要旗帜鲜明地提出批评。同时，深高（集团）主张追求的幸福生活侧重在精神层面，使教师在工作中感受快乐，在学生的感恩中体验幸福，在家长的信任中收获愉悦。奉献爱心才是真正幸福生活的源泉。因此，学校对每位教师精神上进、工作与研修也有刚性和制度化的要求。精神懈怠、不求上进、思想消沉与缺勤，与教学事故相比，性质更为恶劣，对教育教学造成的负面影响也更为深远。因此，学校对这些问题的管控是十分严格的。

二、教师要以德传人

德治是儒家文明的主线，一以贯之数千年，统领中华文明。德治高于法治，建基于对人的普遍教化和规范之上。因此，儒家认为求知就是为了明德，求学就是为了修身。当然，学生要学会律己，除了师者的传道、授业、解惑外，还要以师者的言行为楷模。古语说，学为人师，行为世范。教师要做人格的典范、道德的楷模。古希腊教育先贤也指出，美德即知识。这是教育最本源的意义。求知不是为了考试升学，而是修身和明德。不是说教育本义改变了，而是像纪伯伦说的那样，因为已经走得太远，以至于忘了为什么而出发。这也是近年来，人们一再呼吁教育要回归原点的原因所在。

今天，深高（集团）重温这些教育经典的意涵，找回教育的真谛，就是要把偏离的马车重新拉回正确的道路。尽管这些年来深高（集团）做了不少的修修补补，但还是收效甚微，原因是学校还没有完全转变旧有的教育观念。因此，深高（集团）开宗明义地指出，德育立校，以德树人，要在教师队伍中掀起重新认识教育本义的思想认识运动，彻底把教育观念转变过来。

接下来就是要见诸行动。德育要见效果，单向的说教是远远不够的，关键要求教师本人率先垂范，讲究教化，既要教导开悟，也要以行动感化。要实现以德育人的目的，首先要以德服人。学生求学为了有高的德行，老师一定要成为先行者。学生不会尊重一个道貌岸然的师长，更不会学习一个德行恶劣的榜样。学校若是树立了这样的榜样，无疑使学生犯罪。学校以教育部师德规范为蓝本，以市教育局颁发的文件为依归，结合实际，制定具体的实施细则和管理办法。

师德分言行两方面，也就是时常说的言传、身教。言传可以说是教师的看家本领，但越是这样越要守住底线，不该讲的话绝对不讲。有四点要求：一是政治上要讲原则；二是文明用语，用好普通话；三是不言语伤人；四是以风趣生动的正向语言激励、鞭策学生上进。

身教就更重要了，教师的一举一动都在学生的视野范围内。而在校学生视教师为楷模。日久见人心，教师的行为举止一定会在学生心中留下痕迹。而教师要给学生留好的印象就得从日常行为做起。

以德传人的另外一个切入点就是课堂教学。需要注意的是，教师在备课或组织课堂教学素材时不妨把视野扩大一点，对凡能用于德育的内容、方式在不占用课时的前提下要加以利用。而这往往能起到四两拨千斤的效果。比如，科学课程教学完全可以结合科学史的内容稍加展开，在潜移默化中体现德育的效能。

三、教师要以智导人

教师是知识的化身、学术的权威，而这个化身与权威是准许学生挑战的。教师与学生在人格上是平等的。教师在传授知识的同时也传授科学精神、智慧真谛、治学方法与学术风格。教师必须在学生面前展现出足够的研究能力和探索精神。只有这样，学生才能学到智慧的真谛。如果只是做一个满足课堂教学和应付考试的教书匠，那么教师以智导人的意义就要大打折扣了。以智导人有两层含义：一是用书本上的知识、理论传导学生；二是以教师脑海里的所思所想唤醒学生灵魂深处求知自学的潜能。

智育的要诀是在"授人以鱼"的基础上达到"授人以渔"的目的，教会学生自主学习、自主探究，使其形成终身学习的能力。因此，对学生方法、思维等非静态素质能力的培养就很重要。只有使学生掌握学习的方法、形成批判性思维，把学生的创造与创新潜质挖掘出来，才算完成了智育任务。

所以，深高（集团）提倡互动式课堂、讨论式课堂、研究型学习，为学生自主学习创造条件和机会。教师要进行角色转化，把讲台还给学生，把"一言堂"变成"众论堂"，让学生命题、出试卷。适当的换位思考使学生不再被动地接受，而主动进行知识探究。师傅领进门，修行靠个人。每个人有各自不同的方法对策，但是统一要求还是必需的，那就是每月至少开一次互动课，每学期至少动员学生命题一次、出试卷一次。

以智导人还要开阔学生学习各科的思路与视野。眼下的课堂教学局限于教材和考试评价，无法建立大学科视野。往远了说，不利于让学生形成正确、科学的世界观；往近了说，不利于学生理解与深化各科知识。就是说，严重受制于教材的局限，打不开知识视野，总是在狭窄的知识圈子里打转，就像洞穴里的囚徒一样，永远看不到事物的本质和真实的自我。这需要教师适当加一点科学史、文化史、科学哲学、艺术史、时政热点、最新科技动态方面的教学内容，并将其穿插引入平时的课堂教学之中。

第二节　全程研修制的理论基础

一、国内教师研修现状

当下教师研修在国内外都是热门话题，我国也正掀起一股新的教师研修热潮，改变了过去单一的教育学院或师范学院进修框架，拓展至海外培训和国内非示范类高校集训。但当前普遍存在的盲区是校内研修问题太多，很多学校尽管提出"科研立校""教研先行"等口号，但是真正付诸实施、有所收效的不多。至少从目前公开的信息中，深高（集团）尚未看到非常成功的案例，真正结合教育教学工作实际展开研修的不多。这使深高（集团）有一种强烈的危机感。青年教师如果在这样的环境中成长，那么自然也不会自觉、自愿地投身研修。再者，教师研修主要是一项制度安排，目的在于教师队伍建设，主要表现为管理性和事务性，而非学术性。

二、国外导师制教师研修发展综述

在基础教育阶段，西方教育就有导师制的传统。

始建于 1778 年的美国安多佛菲利普斯学校，就是实行导师制的寄宿学校。学校给每名学生配导师，要求导师至少每两周与学生会面一次，每一位导师负责一组学生，帮助学生确定课程表，并提供升学咨询。在学生毕业还有一年半时，这所学校就开始这方面的服务。其间导师与学生多次接触，帮学生写推荐信，平时帮助学生改进学习方法。师生彼此互动、相互倾听是该校的传统。100 多个学生社团、社区服务都为导师制服务。

在英国威斯敏斯特公学，寄宿的学生都有较为充足的时间参加学校扩展的晚间项目，如音乐、戏剧、演讲、体育等活动。开展这些项目的一个目的就是为师生互动创造机会。每晚 7 点 15 分至 9 点是学校规定学生准备功课的统一时间，其间有舍监和导师指导。

创办于 1440 年的伊顿公学要求教师关爱每一名学生，而导师制是主渠道。

每周有一个晚上导师要亲临学生宿舍与学生谈话或参与学生活动。对此,伊顿公学要求教师具备与学生对话的能力,切实帮助学生解决他们中存在的敏感问题——毒品、色情、暴力等。一般是一位导师负责六名来自不同宿舍的同龄学生。导师的另一个任务是引导学生进入阅读状态。为此,校长给导师的建议是:重视朗读的价值,导师要学会向学生推荐图书,鼓励和启蒙学生打开阅读的心界,与学生一起参加艺术活动,进而将其导入阅读世界。比如,通过观看莎士比亚戏剧,激发学生阅读莎士比亚作品的兴趣。

日本立赤见中学实行的"出路商谈计划"也是一种导师模式。该计划要求全体学生每周安排一次商谈会,每学期安排一个商谈旬,三年级学生与父母、教师三者一起商谈一次,每旬至少商谈一次,一年内导师至少与学生家长商谈一次。

导师制依循的教育原理是:教育即生活,学校即社会。教育不是专门为升学做准备,教育本身就是每一名学生每天必须经历的生活。为此,我们需要了解导师工作的内容。维曼梳理了十方面的内容:控制课堂纪律,调动学生学习动机,个性化教学,对学生做出准确评价,处理好与家长的关系,解决学生的个人问题,日常的教务组织工作,处理好教学与时间的矛盾,处理好与同事的关系,解决教育质量问题。日本指导学生工作有六方面内容:学业指导,进路指导(职业指导),个人适应指导(促进个体全面发展),社会性指导(公民和公共道德),余暇指导(个人修养),健康与安全指导。美国学生指导项目标准把导师工作划分为三大类:学业、职业和个性与社会性。

三、深高(集团)的探索和尝试

笔者认为,教师研修应该与学生的实际需求相契合,而不是各顾各的。学生对教师教学的要求,除了习以为常的那些内容外,更多地体现为对教师所秉持的学生观、科学观等的认同,特别是能否在教师身上获得愉悦的学习体验。教师参与研修使学生的这些需求得到满足,自然会充满成就感,因为学生的反馈是正向的,进而充实和升华教师自身的经验。

同时,深高(集团)也应当看到,十九大以来的新课标新课程新高考改革发出了空前强劲的信号,改革没有回头箭。为了应对这个新挑战,教师必须投入更多的心力用于研修，否则很难适应此轮改革。

为了确保教师研修不"空对空"，深高（集团）特意做了这样的安排：将全员育人导师制与全程研修制两者紧紧地捆绑在一起。两者共同促进、互为因果。深高（集团）想到的最为理想的样板就是苏霍姆林斯基和帕夫雷什学校，以及著名的伊顿公学。两者都是实行全员育人导师制的典范。苏霍姆林斯基本人更是卓越的导师。很多教育同仁共同感叹，苏霍姆林斯基以及帕夫雷什学校的经验，深高（集团）远远没有学到家。这些极其宝贵的教育财富早就摆放在深高（集团）眼前，可是深高（集团）为什么总没有拿它当回事。许多教师虽然早年就听闻苏霍姆林斯基这个响亮的名字，甚至粗略阅读过《给教师的建议》《帕夫雷什学校》等著作，但是不妨扪心自问：在各自的教育教学实践中，自己究竟借鉴和应用了多少？

苏霍姆林斯基就是深高（集团）全员育人导师的楷模。帕夫雷什学校、伊顿公学的做法就是实践的参照。当然，深高（集团）也十分清醒地认识到主要应该学习的是苏霍姆林斯基这类教育家关爱学生的情怀，必须立足本校实际，适当超越时空局限，建立独特的校本行动方案，为深圳教育在教师研修、全员育人方面做出有益探索。

第三节　全程研修制的具体实践

一、科研赋能教师

一般学校管理大体是教学的管教学、教研的归教研。两张皮不说，往往是重教学、轻教研。对教师个人的业务研修和业余学习，学校较少硬性规定，也不好考评。因此，这件事常常被束之高阁。然而，教师的学习研修与教学原本是高度统一的，教学一刻也离不开教研和学习。比如文科类课程，最新时政新闻、国内外大事都是教学中不可或缺的基本素材。理科教学应该及时关心最新科技动态。有些学生对最新科技知识的了解和掌握比教师要多得多。有句话说得好，要给人一杯水，自己就要有一桶水。再者说，那么多来自同行教改的经验教训、先进典型、鲜活案例都需要教师拿出时间来学习思考，那么多专业报刊都需要教师第一时间取阅，教师是天底下最需要广博吸纳最新知识和信息的职业。要知道生活在网络时代的学生，他们获取信息的能力和平台很宽广，稍有懈怠，教师的知识信息就会落伍。当然，还有那么多教育经典等着教师重温，而教师也需要聆听教育大家的教诲。

另外，教改成天提倡学生在研究状态下学习，教师理当在研究状态下教学。教师只有把自己学习研修的行为能力展示给学生，学生才会零距离地切实感受到这种模式的效力。大科学家在书本上的事迹也可以起到一定的鞭策作用，但是近在咫尺的师者就是最好的示范。

教师研修学习应在现有基础上充实与完善，要营造一种紧张热烈、互学互鉴的学术氛围，尤其让青年教师始终保持旺盛的求知欲和较强的思考力。

可以肯定的是，只管把课上好，放松教研，学习上偷懒，最终课也上不好。教师对教育的理解、对教改动向的把控都会直接或间接影响到教学。教师对学科新知的了解、对于教学趋势的把握同样会折射到自己的教学中去。

可以肯定的是，研究型、学习型教师具备较宽广的教育视野和认识格局，因此他们的教学效果不会差到哪里去。学校要量化教师研修管理，比如听课次数、科组集体学习次数、个人自主阅读量、学习报告等，建立全集团中层干部集中学习制度，要求每学期至少组织集体学习 2 次，每次学习后要写出书面报告作为考评依据，集团领导一般每学期集中学习 1 次。

学校提倡教师自发组织教研沙龙，自主申请主管部门协助。申请人可以做主持人、主讲人，邀请校领导或同事参与讨论。建议组建青年教师读书会，按年级、文理分组。读书会原则上要利用课余时间开展活动。具体要求如下：

1. 以学期为研训时间单位，由导师设定每学期研训主题，并提供研训导师、研训资料、研训场景。

2. 至少每月组织一次线上工作会，每次时间不少于两小时，所有成员应汇报当月学习进展，并分享个人收获；至少每两月组织一次线下见面工作会（深圳本地成员应每月一次），每次时间不少于半天，采用分享讨论的方式，所有成员充分思考，并相互探讨。

3. 设立两人合作项目小组（一名深圳学员 + 一名外地学员），每个小组承担一个研究项目，合作开展研究，学期末集中汇报展示，并接受导师与专家组评审。

二、深高（集团）研修培训计划

深高（集团）以全程研修制和全员育人导师制两项制度为行动指南，指导和规范教师研修与导师工作的开展，先组织班子拟订方案草案，然后分阶段进行试验、修正。第一学年结束时，计划基本成型。技术路线如下：

1. 进修与培训计划。方案对青年教师脱产与在职继续教育提供多种切合实际的选择。

2. 校际走访。前往兄弟学校走访、学习、交流，获取相关资料。

3. 校内互鉴。教师的必修课之一是提供案例，同事之间定期开展交流，互相观摩、互为促进，以论坛形式，彼此交换经验与体会。这些素材为第一手佐证资料。

4. 文献阅读。教师除统一阅读指定的相关书籍文献外，还要列出各自的读书计划。阅读与自学是研究性教育教学的基本功。学校有相关制度和机制激励、鞭策教师阅读和自学。

5. 班级考评。教师研修与导师工作成效以班级和受导学生综合表现得分作为评判依据。学校会拟订班级考评标准与办法。

6. 对象考评。学校分两次对所有参与计划的教师进行考评，以检验教师研修与导师工作的得失，及时发现问题、总结经验。

7. 每学年评选出"年度研修标兵""学年卓越导师"，给予表彰。

8. 问题列举。要求教师将所有研修心得和导师工作中发现的问题记录在案，最好能出具相关的人证、物证，比如学生谈话记录、研究心得等。

学校派专人负责对教师研修和导师手册回收与抽查。

三、深高（集团）学习型教师团队的培育

分布式协作工作机制提高了各分校的专业化建设水平，强调各分校在各自使命领域形成足够优质的教研、科研力量，因此深高（集团）提出：教师必须成为教育变革的研究者和实践者，必须适应专业化、科学化、未来化的新要求。

（一）以科研活动强化专业素养

学校重视实践性科研课题的申报与研究，树立教科研典型，发挥其示范引

领作用，激发教师研究内驱力，使教师积极开展有效研究活动；加强对教师进行教育科研理论的知识培训，充分凝聚教师自身的教育智慧；组建科研型的教师研究团队，结合教育教学实际，开展课题研究，鼓励教师申报国家级、省级、市级课题；深化全程研修制，所有教师都参加导师与研修计划，为自己蓄能；要求所有教师参加各种教育教学的经验交流和科研成果交流活动，专心教学、潜心研究；鼓励有研究能力的教师积极开设科研工作室，不遗余力地培养和提升教师的研究能力和研究素养。

（二）以学习型组织促进教师发展

学校从政治与道德、文化与育人、教学与教研、沟通与合作、开创与反思能力五个方面入手，不断提升教师能力与素养，强化师德师风建设，持续促进教师自主发展、共同成长，根据教师的年龄结构、支撑层次构建学习型组织；实行"青蓝工程"，成立青年教师发展联合会、骨干教师发展联合会及领军型教师成长平台，并结合各校区优势，落实青年教师联合会、骨干教师联合会及领军教师培养计划在各校区的培养机制，完善校区间教师互帮互学的培养机制，打造具有深高（集团）特色的教师专业发展阶梯式平台。

（三）从学习变革角度培养未来型教师

学校在实践中建设"未来人才"与"未来教师"双螺旋发展模型，让"未来教师"成为读懂学生的分析师、塑造品格的工程师、陶冶情感的咨询师、重组课程的设计师、联结世界的策划师；帮助教师认识自身的优势和个性，根据时代要求和学校愿景做出预期性的自我设计，促使教师协调个人内在需求和学校长远目标需求，提高教师自我发展的效能感、成就感和幸福感，在学校发展中实现自我价值，促进教师和学校的共同成长。

第四节　教育融通模式的探索

全程研修制的关键在于如何促使教师快速、有效、全面地提升教学能力。深高（集团）将教师轮岗制作为解决此类问题的药方，在研修培训计划中规定教师要进行校际走访，前往兄弟学校走访、学习、交流。这个问题也引发了社会的高度关注和教育界的广泛讨论，其中质疑和忧虑之声不少。主要的问题是：

教师流动的可操作性问题、教师流动的实际效用问题、教师流动对学校工作的影响问题等。

正是因为考虑到以上诸多问题，笔者在集团成立之初就提出"教师和优质资源要在集团内部流动起来。但是教师流动不是削峰填谷，而是大手拉小手；教师流动不是开闸放水，而是融通江河溪流"。这就是所谓的深高（集团）的教育融通。

以深高（集团）为例，它是单一法人、四个校区的紧密型教育集团，学段覆盖小学、初中、高中三个办学层次，跨越福田、龙华、坪山三个行政区，校区之间距离最远超过50公里。集团四个成员校中，有办学十多年的知名高中，有办学几十年、后并入集团且在变革中形成优质口碑的知名初中，有办学四年的九年制新学校，还有一个办学位置极其偏远的贯通小、初、高的东校区。集团一直都在面临空间跨度导致的内部协作时效性问题、校情差异导致的集团高层决策准确性问题和平均式发展导致的集团优质资源稀释性问题。很多教育集团也面临相似的问题。通常，集团龙头学校为了保证各个分校都能获得一视同仁的资源和统一模式的发展（平均式发展），不得不外派优秀的专家型教师、骨干型教师到新校区任教。这样做的好处是：发展路径比较直观,结果有保障。不好的地方在于一定程度上会持续稀释龙头校区的师资队伍。

按照生态化办学"协同—授权—赋能"的逻辑，笔者认为不能简单将教师流动理解为从品牌学校挖取师资"长板"填补偏远、薄弱学校的"短板"，而应以人员的调整实现先行学校与后发学校之间在工作机制上的联动协同，并以流动教师作为载体，将先行学校的优质教育资源带到后发学校，从办学观念、办学条件、办学质量等层面为后发学校赋能。

深高（集团）所理解的教师的"融通"包含三方面内涵。

第一，融通补充了青年教师的教学经验。

为此，深高（集团）着力推动骨干型教师的双向流动：一方面以"送教"的方式，让先行校区的学科教学骨干流动到后发校区，使其在教学一线担当示范教师或备课组长，输出先进的学科教学设计经验和组织经验。时间为一学期到两年不等。另一方面，以"跟岗"的方式，让后发校区的学科教学骨干流动到先行校区，融入先行校区的教学管理日常，使其在浸润式的学习中获得训练，补齐教学短板，实现经验的联结。例如：东校区建校初期在中心校区的扶持下建立了两个校区备课组合作机制，发挥了中心校区备课组的优势，辅助建设东校区各学科备课组。具体举措如下：

1. 东校区青年教师每周到中心校区听同备课组名师课，与同备课组教师交流，向同备课组名师求教。

2. 东校区与中心校区同年级、同备课组实现每周视频备课，共同研讨一周教学内容、教学方案。

3. 东校区与中心校区同年级、同备课结为整体，共同分担命题、改卷等教学任务。

另外，集团内部教师跨校区的科组交流活动也形成了很好的氛围。中心校区、北校区、南校区科组长带领本学科骨干教师传递经验到东校区已经形成学科组教学教研常态。具体情况如下：

1. 中心校区语文、数学、物理、化学、生物等科组在科组长的带领下，选派骨干教师到东校区听、评青年教师汇报课，通过评课的方式指导东校区年轻教师成长。

2. 中心校区语文、数学等科组选派名师送课到东校区，带动东校区青年教师成长。

3. 北校区初三年级骨干教师到东校区初中部观摩听课，课后进行评课指导，向东校区传授初三备考经验。

4. 东校区选派青年教师到南校区跟岗学习，积累教学经验、班主任管理经验。多位青年教师在南校区的培养下快速成长为青年骨干力量。

第二，融通培养了青年教师的育人思想。

为此，深高（集团）将先行校区中一批具有教育思想、科研经验的专家型教师流动到后发校区，让其担任科组长、教科主任等，通过教科研工作平台，将先行学校的教育教学观念、理念以及精神价值追求带到后发校区的师资团队中，实现教学育人基因的嫁接，具有品牌特色的 GLOBE 教育、艺术教育、体育在集团内部也形成了很好的传承与发展。例如：北校区的四大节（体育节、艺术节、读书节、科技节）是学校德育的重中之重，既是学校开展德育工作的过程，也是德育成果的集中展示。在每年的艺术节上，各个校区都会邀请艺术中心的专家到各个校区组织排演，在交流与互动中传承深高（集团）的校本课程文化。

GLOBE 教育作为学校的品牌课程也通过名师工作室、学部交流、校区交流等多种方式传承，通过每学期的新教师培训和各级各类专题培训把顶层设计的理念与来自一线的教育教学经验精准对接起来，让思想点亮智慧，使文化薪火相传。

第三，融通建设了后发学校的工作机制。

为此，深高（集团）向分校区派出管理型教师，将中心校区的先进管理制度、优秀组织经验带到分校区，让分校区从教育教学的组织管理层面与中心校区、集团管理层充分衔接。例如：北校区小学部和东校区小学部在教学方面的衔接已经成为深高（集团）学部发展的经典案例。在课程设置、作息时间安排、教材选用与使用、教学常规管理、教研与教学活动设置等各方面，东校区小学部都与北校区保持一致，与北校区的运作模式保持一致。东校区的教学主任、学生处主任助理、大队辅导员、年级长均在北校区跟岗学习培训。

这就是深高（集团）的"三层三接"教师流动模式。深高（集团）基于"融通"思维，让骨干型教师、专家型教师、管理型教师三个层次的教师进行流动。通过骨干型教师联结学科经验，通过专家师型教师嫁接智慧基因，通过管理型教师衔接工作机制，实现了先行学校对后发学校在经验、思想、机制三方面的优势引领，全面拉动后发学校整体成长。这种教师流动机制成为学校之间优势融通、共建共享的载体。

第五节　全程研修制的成果

一、总体成绩

建校不到四年，深高（集团）东校区的教师在全程研修制的影响下，显著增强了科研能力，取得了非常喜人的成绩：在《自然》等国际顶级期刊发表文章 4 篇，在《化学教育（中英文）》等全国中文核心期刊发表文章 25 篇，在省级以上刊物发表文章 69 篇；主持或参与国家级课题 6 项，主持或参与省市级课题 12 项。在深圳市举办的优质课大赛、青年教师基本功大赛和高考模拟题命题比赛、创客大赛等活动中，荣获一等奖 4 人，二等奖 6 人，三等奖 7 人。

在广东省教师教学能力大赛中，赖剑瑜老师荣获省一等奖；在首届"南方传媒杯"粤港澳大湾区高考作文"下水作文"大赛中，杨雪莹老师荣获一等奖。深高（集团）东校区已经形成一支师德优良、功底扎实、团结敬业、乐于奉献、年富力强、和谐稳定的教师队伍。

二、成果汇报

深高（集团）东校区教师全程研修，以"研习坊"为载体，以具体的教育教学实际为案例，以主持人为核心，以问题为导向，全体青年教师全员参与全程研修，取得了显著成绩。

每个课题组的主持人、所教学科及课题名称，见表2。

表2　课题汇总表

主持人	学科	课题名称	课题类别
贾维莉	数学	如何有效帮助学困生跨越学习困难	GLOBE 德育研习坊
邓岚、李雷雷	英语、心理	从班级管理角度看心理障碍学生的教育和管理	
陈欣	数学	数学学科核心素养与 GLOBE 教学法的融合研究	GLOBE 教学研习坊
谭明	语文	GLOBE 教育理念下的高中语文"主问题"教学设计研究	
刘丹	历史	全员育人导师对高中生涯规划教育策略研究	全员育人 研习坊
张培兰	数学	全员育人导师如何有效追踪学生身心发展	
陈俞蓉	语文	2010 年—2019 年全国卷高考语文真题研究——基于日常教学的视角	高考改革 研习坊
杨嘉聪、何祖椿	地理	新课标背景下高中地理必修模块导学案开发	
武世艳	物理	如何高效地命制物理滚动测试	

续表

主持人	学科	课题名称	课题类别
张圆	英语	高中生英语附带词汇习得研究——以深高（集团）东校区学生为例	分学科研习坊
王浩、范东梅	生物	深高（集团）东校区植被的调查研究	
鲁春梅、刘迪	化学	基于流程图法的化学认知结构测量与评价——以乙醇为例	
蒋振华	体育	校园足球发展的瓶颈与突破研究——以深高（集团）足球队为例	
龙小月	信息技术	基于计算思维培养的高中生编程教育实践研究	跨学科研习坊
岳松峰、方晓卉	信息技术、历史	青年教师阅读研习坊	
车宛潞	政治	新高考背景下政治教学与多学科知识融合的研究	

其中，有关育人的研习坊德育课题一共有四项，分别是邓岚、李雷雷组的课题"从班级管理角度看心理障碍学生的教育和管理"、张培兰组的课题"全员育人导师如何有效追踪学生身心发展"、刘丹组的课题"全员育人导师对高中生涯规划教育策略研究"和贾维莉组的课题"如何有效帮助学困生跨越学习困难"。

在研习坊育人课题的探索和开展过程中，东校区青年教师研习坊的主持人积极组织课题研究。现将优秀德育成果论文、德育调查问卷、德育活动反思等形式多样的研习记录呈现如下。

（一）从班级管理角度看心理障碍学生的教育和管理

邓岚、李雷雷老师主持的"从班级管理角度看心理障碍学生的教育和管理"课题共按计划开展6次研习活动。

2019年上半年共开展3次研习活动，研习活动重在细化工作安排，对班主任进行问卷调查（见图6）和结果分析，诚邀年级班主任开展案例分析和经验分享，在问卷结果的基础上分析现存问题。经过系列集体研习，李雷雷老师撰写了题为《从心理老师角度看问题学生的转化》的德育论文（见图7）。

2019年下半年细化研究问题,从现实教学入手,以高三为主要研究对象,多次开展教育主题班会——"如何减压、缓压"主题班会。

(一)调查问卷模板

各位班主任,大家好。为了更清楚地了解大家在日常班级管理中,会遇到存在哪些心理问题的学生,这些学生给班级管理带来了哪些难题,大家又是如何管理的,效果如何,等等,我们课题组制作了一个简单的问卷,烦请大家在百忙之中抽空填写一下,感谢。

班主任在日常的班级管理中,可以识别到班级里的学生可能存在下列心理问题。

学习类问题

1.学习压力大( )

A.没有学生有   B.小部分学生有   C.比较多的学生有   D.绝大部分学生有

图 6 调查问卷截图

从心理老师角度看问题学生的转化

李雷雷

一、建立咨询关系,弄清楚孩子的问题类型

29日,有个孩子走进了我的咨询室。由于孩子最近一段时间的情况特别不好,班主任建议他过来咨询。孩子本身特别不情愿,非常抵触。我问他有没有什么想跟我聊聊的,孩子果断地回答:"没有,都挺好的,没什么可聊的。"跟这样防御性极强的孩子聊天,需要建立起咨询关系,让孩子对你有信任感。为了建立咨询关系,我接下来尝试着问他在东校区生活得怎样,人际关系如何,有没有交到几个比较要好的朋友。

图 7 论文截图

4月份共按计划开展研习活动3次。第一次活动对课题内容进行介绍,并讨论了研究方式和研究方向;第二次活动细化了工作安排和分工,确定主要工作内容(对班主任进行问卷调查,并对调查结果进行分析,邀请高一年级班主任代表进行分享);第三次活动邀请高一年级班主任代表金老师和谭老师进行案例分析和经验分享,全体成员参与学习,李雷雷老师和邓岚老师分别从心理学角度和班级管理角度进行了分析和总结。

5月份共按计划开展研习活动2次。第一次活动细化了工作安排和分工,在听取赵教授建议后确定了研习重点;第二次活动,由李雷雷老师带领大家学习心理学主要理论流派,介绍中学生的主要心理问题。

　　课题主持人李雷雷老师和邓岚老师向研习坊成员传达了赵教授的几点意见，并就其中具体问题和本次研习重点进行了进一步研讨。首先，确定本次工作重点为学习心理学基础知识，为下一步研习工作做好理论准备；其次，确定本学期的阶段性目标为搜集东校区心理障碍学生及班主任管理工作案例。（见图8）

图8　心理学基础知识案例

　　6月份从班级管理角度看心理障碍学生的教育和管理，邓岚老师研习小组通过讨论决定本学期的研习成果以主题班会课的形式呈现。经过学习和讨论，研习小组决定根据高中生常出现的三类心理问题，分组设计主题班会课，包括学习和考试方面的心理问题（李雷雷、李念），融入集体和适应新环境方面的心理问题（邓岚、王思琦），情绪问题与音乐治疗（梁道、农田、戴菁）。

　　首先，三个小组分别提交了课程设计初步方案。全体成员一起进行了讨论，并且给出了具体的修改建议，并诚邀部分班主任加入课题探讨中，最后初步形成课程设计方案。部分成果如图9所示。

班会课《音乐对情绪的治疗》教学设计

教学目标

　　1.了解音乐治疗的起源、含义，初步认识音乐治疗的类型。

　　2.通过聆听音乐体验音乐情绪，并放松个人情绪，达到音乐对情绪的缓解目的。

重难点

　　1.重点：了解音乐治疗及其类型。

　　2.难点：让学生主动参与各项音乐活动，达到音乐对情绪治疗的目的。

教学准备

　　多媒体课件、音响资料、小乐器。

图 9　部分成果

（二）全员育人导师如何有效追踪学生身心发展

　　张培兰老师主持的"全员育人导师如何有效追踪学生身心发展"课题共按计划开展 6 次研习活动。上半年以切实的追踪访问为抓手，通过对"'学霸'手机成瘾怎么办"和"受到单亲家庭创伤的孩子如何培养"案例的分析、访谈，确定了追踪目标，并对相关同学进行了深度追访，特别是和学生家长取得了密切联系。除此之外，还通过制作"中国中学生心理健康量表"探索学生的特点，通过数据分析了解孩子的真实情绪。

　　下半年总结归纳上半年全员育人工作遇到的问题，细化目标，制订新阶段发展计划，与心理老师积极沟通，利用心理健康量表数据和班会课"考试焦虑心理调整与应对"，对本班学生进行整体性辅导策略研究，追踪开展全员育人学生性格问卷调查。（见图 10）

- "全员育人导师如何有效追踪学生身心发展"数据处理及应用.docx
- "全员育人导师如何有效追踪学生身心发展"总结及新阶段发展计划.docx
- 利用心理健康量表数据进行整体性辅导策略研究.docx
- 全员育人学生性格问卷调查.xlsx
- 如何正确引导受到单亲家庭创伤的孩子.docx
- 手机游戏成瘾归因及解决.docx
- 心理健康量表数据专题讲座感想.docx
- 中国中学生心理健康量表.doc

图 10　问卷调查

张培兰老师主持的"全员育人导师如何有效追踪学生身心发展"课题，于4月开展了切实的追踪访问。在确定了追踪目标之后，张老师对两名同学进行了深度追访，特别是和学生家长取得了密切联系。图11、12、13为张老师工作过程截图。

如何正确教育受到单亲家庭创伤的孩子

张培兰

对象：小宇

个人情况：男，单亲家庭，两三岁时父母离异，父亲不作为，对孩子不管不问。父母离异后，跟母亲和两个姐姐一起生活。性格内向、孤僻，独来独往，习惯一个人吃饭、做事。不惹事，乖巧，成绩差，在班里属于"空气型"学生，极其容易被忽视。

接触过程

第一次与小宇正面接触是在高一上学期中考后的校运会上。校运会第一天，我经过班级，恰巧遇到那个男孩，他正孤零零地坐在教室里。他的背影引起我的注意。出于好奇，我走向他，和他简单聊两句。那时候的他略显紧张和拘谨。这是我们第一次交流，我也是第一次知道我们班有这么一个孩子。我从没想到这么简单的几句问候会为这个小孩带来不一样的花火。

图 11　深度谈话

"学霸"手机成瘾怎么办?

张培兰

对象：小城

个人情况：小城是个"学霸"，他每次基本上都能达到年级前二十名。可是这位"学霸"的背后有一个让家长十分头疼的问题，那就是：沉迷手机游戏，无法自拔。为此，家长是一筹莫展，甚至摔过手机，但也于事无补。迫不得已，家长联系了我和班主任，希望得到我们的帮助。于是，我和这名同学的博弈也就开始了。

图 12　深度追访

写给家长的一封信

小宇妈妈，您好。我今天不仅是小宇的数学老师，也是您的朋友。冒昧打扰您了。我咨询了学校的心理老师，就您和小宇的情况，和他进行沟通。他给的几点建议都非常好。

第一，心理老师认为，由于爸爸的缺失，孩子对"爸爸"的概念实际上是非常反感的，因为孩子的价值观还是比较正面的。爸爸做很多坏事，孩子排斥、反感爸爸是正常的，孩子可能宁愿不要有这样的爸爸。这个是孩子的正常反应。

图 13　与家长的联系

5月开展了2次研习活动。活动着重探讨了目前研习面对的四大问题。其一，5月17日，《班主任》杂志社赵老师对课题提出的意见主要有题目不清晰、全员育人的定义不明确等。其二，李雷雷老师说，心理测评系统在使用上有局限性，而且教师需要有心理咨询师资格才可以使用，借用该系统测评学生的可能性不高。其三，恰逢高一分班，全员育人学生都被分散到各班，很多老师都不再教自己的全员育人学生。其四，全员育人学生身心情况不同，对身心比较健康的，需要跟踪吗？跟踪的对象是导师手头上的所有全员育人学生，还是问题学生？

对上述四大问题，小组成员纷纷发表了自己的看法，并撰写了德育小论文。（见图14）

浅谈德育一二
程诚

时值春末夏初，深圳的天气忽晴忽阴。自从有娃之后，我难得抽一空闲坐于桌前，看到小组谈起德育，不禁思绪万千。关于德育的相关教育书籍、文章也可谓纷繁芜杂，数不胜数。古今中外，各行各业都讲究德才兼备，以德为先。

司马光在《资治通鉴》中写道："是故才德全尽谓之圣人，才德兼亡谓之愚人，德胜才谓之君子，才胜德谓之小人。"北宋的大书法家蔡京虽诗词文章造诣深厚，却是一个奸臣，位居"六贼之首"。《宋史》更是将蔡京直接列入《奸臣传》，描述其为阴险狡诈、心狠手辣，不择手段打击政敌，致使官风败坏、民不聊生。就连蔡京的书法成就也因其奸臣形象而直接减损，北宋书法四家"苏黄米蔡"中的蔡京也变成了蔡襄。

图 14　德育小论文

与此同时，张老师抓住分班契机，对全员育人学生做了第一次调研。5月16日晚，高一分班结束，学生普遍很难适应新班级。此时他们情绪多变，十分敏感。新班主任在面对新班级时也处于一个非常关键的时刻。如何快速有效地掌握班级学生的身心健康情况？如何促进分班后全员育人对象的身心健康？张老师抓住契机，先展开小范围的问卷调查（见图15），整理分班后学生的心理档案，方便全员育人导师及班主任有效追踪学生的身心发展。

全员育人学生身心发展情况调查表

亲爱的_____，恭喜你选择了自己喜欢的专业，开始了新的生活。两周时间已经过去，相信你已经开始适应新的班级。请问最近的你过得怎么样呢？在学习、生活上有没有什么变化？为了方便老师更好地了解你、懂你，我们搜集了这些问题。请你认真回答，让我们能为你因材施教，实施适合你的教育方法。你放心，我们会保密的。所以拜托，要保证真实、有效哦！中国中学生心理健康量表共有 60 个题目，每个题目后面都有五个等级供你选择，分别用 1、2、3、4、5 表示，显示出程度的变化。

	从无	偶尔	有时	经常	总是
1.我不喜欢参加学校的课外活动	1	2	3	4	5
2.我心情时好时坏	1	2	3	4	5
3.做作业必须反复检查	1	2	3	4	5
4.感到人们对我不友好，不喜欢我	1	2	3	4	5
5.我感到苦闷	1	2	3	4	5
6.我感到紧张或容易紧张	1	2	3	4	5
7.我学习劲头时高时低	1	2	3	4	5
8.我对现在的学校生活感到不适应	1	2	3	4	5
9.我看不惯现在的社会风气	1	2	3	4	5
10.为保证正确，做事必须做得很慢	1	2	3	4	5
11.我的想法总与别人不一样	1	2	3	4	5
12.总担心自己的衣服不整齐	1	2	3	4	5

图 15　全员育人学生身心发展情况调查表

6月，针对部分全员育人学生，张培兰老师的研习小组开展了"中国中学生心理健康量表"的问卷调查，希望通过问卷调查和数据分析的方式，了解高中生内心的真实情绪，从根本上帮助高中生解决其高中生涯过程中所遇到的心理问题，帮助他们身心健康发展，形成正确的世界观、人生观、价值观。（见图 16）

六月底，我对我名下的全员育人学生进行了第一次"中国中学生心理健康量表"的问卷调查，进行第一次尝试，看能否通过数据分析孩子内心的真实情绪。

《中学生心理健康量表简要说明》由王极盛编制，由10份量表组成，分别是强迫症状、偏执、敌对、人际关系紧张与敏感、抑郁、焦虑、学习压力、适应不良、情绪不平衡、心理不平衡等，共有60个题目，采用5级评分制。分量表与总量表的相关在0.7652—0.8726之间，内容效度比较理想。

根据填完量表后10个因子的因子分，评定分数值，即可初步判断哪些因子存在心理健康问题的症状。

2分—2.99分，表示该因子存在轻度问题。

3分—3.99分，表示该因子存在中等程度的症状。

4分—4.99分，表示该因子存在较重的症状。

如果因子分是5分，那么表示该因子存在严重的心理症状。

图 16　问卷调查和数据分析

（三）全员育人导师对高中生涯规划教育策略研究

刘丹老师主持的"全员育人导师对高中生涯规划教育策略研究"课题，按计划共开展6次研习活动。上半年从全员育人学生案例入手，与学生交谈，了解情况，并跟老师共同探讨，用最恰当的方式帮助学生，以导师的身份守护在学生的身边，分享他们的快乐，分担他们的苦恼，初步了解育人导师的意义所在。

下半年面临新高考改革方案，这就要求学生具备一定的选择能力和规划能力，通过从"我的人生我做主"生涯规划班会课入手，结合高一学生切身面临的问题——选课走班，通过组内探索加深学生对生涯规划的认识。

此外，以"历史学科与选科指导"课题为例，尝试将教学设计与生涯规划相结合，通过教学向学生渗透该学科特点，站在学科育人角度，围绕学科与专业、职业的关系，使学生能以"立足当下、着眼未来"的视野做好自己的生涯规划，实现自己的生命价值。

4月，课题组成员更像是学生的哥哥姐姐，他们以导师的身份守护在学生的身边，分享他们的快乐和苦恼，悄悄地用最恰当的方式帮助学生。

5月共开展了2次集体研习活动，主要内容有两个：一是根据上月的工作安排，在5月开展了"人生要出彩 需要彩虹桥——高中职业生涯规划重要意义"的主题研讨活动。在活动中，每个人谈自己对高中职业生涯规划的认识和理解，并认真研读浙江省教育考试院公布的《2020年拟在浙江招生普通高校专业类选考科目要求》，学习《高中生职业生涯规划指导教程》的第一章、第二章和第三章，为指导学生做充分的准备。由于5月18日东校区新高一进行了选科、分班，本课题组的指导工作陷入困境，因此第二次活动及时调整了活动思路和方向。二是针对高一学生的选科情况，分发调查问卷，并了解在分班第一周试行阶段的学生变动情况。

计划赶不上变化，去年5月中旬东校区高一年级进行了选科和分班，原定的全员育人计划不能照常进行。课题组及时调整计划，将工作重心放在收集数据上，为后期工作提供数据，以便对比研究。

在这个宗旨下，刘老师带领课题组成员通过去班级举手调查、个体询问、向班主任了解等方式，得知在分班试行的一周内换班或换选科组合的情况，并做了分类。类别一：因为不懂原来科目而换。类别二：因为高校对选科新出的要求而换。类别三：因为同学或老师而换。

在获取结果的支撑下，成员杨老师和戴老师认真与数十位高一、高三同学交谈，并做了文字实录。

6月，刘丹老师研习小组进行合理分工，徐老师、张老师、李老师录入学生的问卷数据，用"问卷星"得出分析结果；杨老师、戴老师继续进行个案的记录。最后，分析思考课题组目前面临的问题和下一步如何开展活动。成果如下所示：

1.杨老师和戴老师认真与数十位高二、高三同学交谈，并做了文字实录。

2.2019年6月28日，课题组汇总5月阶段性数据收集的成果，并录入"问卷星"，生成数据分析表。

3.通过分析，高一四位老师根据自己感兴趣和有价值的角度，基本确定了小论文的题目《论高中生涯规划中学校及老师的迫切性——以深圳高级中学（集团）东校区2018级学生为例》等。

2019年，研习坊德育教研工作如火如荼地开展着。德智体美劳，以德为首，德育教研关系着学生的身心健康发展。未来，研习坊德育方向的主持人在探索育人及班级管理等方面的道路上想必更有所感悟。

（四）如何有效帮助学困生跨越学习困难

贾维莉老师主持的"如何有效帮助学困生跨越学习困难"课题组按计划共开展了6次研习活动。

上半年选定了两名长期跟踪对象，分别从家长视角（见图17）和老师视角对两名同学进行调研，了解学困生情况，通过对部分学生进行跟踪，探索如何有效帮助所有学困生跨越学习困难。下半年积极回顾、总结前几次活动的内容，课题组每位成员汇报自己所选目标生本学期以来的学习情况，总结并反思自己针对该学生的跟进及帮助效果，探索更好的具体措施。

家长视角

A小时候活泼好动，性格开朗大方，有很强的平衡能力和动作协调能力，喜欢户外运动。

在学习方面，在小学1—3年级，孩子表现得很轻松，接受能力强，成绩很好。到了4—6年级，孩子有了以下变化：虽然数学、英语成绩还不错，但是语文成绩明显下降，完成语文考卷的速度很慢，作文总是完不成；在家写家庭作业喜欢磨蹭、拖拉。

初中阶段有大量课程。孩子在完成作业上有些吃力，总不集中注意力写作业，也会拖欠作业。成绩一直在中等偏上一点的水平。孩子喜欢数学、物理、地理、生物。孩子虽然对语文、英语、化学有一定的学习兴趣，但是这几科的成绩依然比较差。孩子也有一定的上进心，中考成绩比预期的好一些。

图 17　家长视角

4月，课题组积极开展了德育工作。贾老师也选定了两名长期跟踪对象，并且分别从家长视角和老师视角对两名同学进行了调研。德乃立身之本，要修大爱、立大德、成大美、行大善、积大德、成大业。一个月以来，研习坊德育方向的主持人们平均开展两次以上的集体研习活动，成果累累，未来可期。

5月，贾老师尝试实践分层作业，以作业分层布置、分层达成为突破口，提高作业的针对性和实效性。以数学学科为例，贾老师事先体验、确定、划分课堂和回家作业的选做题与必做题。先由老师做完学生每天的作业，接着集体筛选出适合学困生做的题目，培养学生的自信心和每天完成作业的成就感。

同时，贾老师带领课题组成员针对期中考后有进步的学生进行"再前行"教育，对没有进步和退步的学生进行"厚积薄发"教育。

6月，贾维莉老师特意组织课题组成员总结了该学期的工作进展和感想。

高娜老师总结：在班主任工作中，我体会到转化学困生与培养优等生同样重要，对学困生也要关心、爱护，做深入、细致的工作，因势利导，循循善诱，让他们感受到集体的温暖、老师的关心，使他们有亲切感、安全感、信任感。

刘晓辉老师总结：对待学困生要严中有爱、爱中有严。对学困生的不良行为，我没有掉以轻心、听之任之。任其发展下去，必然导致学困生从小形成恶习，而且处理不当也会损害他们的自尊。

李世伟老师总结：要重视学困生的改进工作，坚持一分为二。当学困生取得进步时要大力表扬，坚持分层作业。对每次作业中出现的问题，要加以整理、分析，采取对应措施。另外，针对学困生经常出现反弹这一问题，老师需要持之以恒，打好持久战。

方莉苗老师总结：对学困生的教育要采取综合干预手段，可包括心理辅导策略、学习辅导策略、情感教育策略、教学策略及环境教育策略。教育工作者应以诚相待、以爱相对，灵活运用激励机制，更好地挖掘学困生的潜能。

韩力老师总结发言：一名学生思想觉悟的提高、道德行为的形成、学习成绩的取得都离不开教师平时的关心和呵护。对学困生的转化，老师更应倾注不懈努力。在实施素质教育的今天，老师更应更新观念，探索新的教育方法，努力做好后进生的转化工作。

附录

校长访谈

"为了未来"的"深高"样本

——访深圳市高级中学校长、广东省中小学名校长工作室主持人邵爱国[①]

家国情怀引领下的理想追求

《广东教育》：对于教育从业者，尤其是对于一位名校长来说，教育理想与情怀是至关重要的。那么，在您心目中，什么样的教育是理想教育？您又是如何理解教育情怀的？

邵爱国："深高"的校训和办学理念就蕴含着我心中的"理想教育"或者说蕴含了全体"深高人"追求的教育理想。"深高"的校训就是四个字——"为了未来"。

这个未来有两层含义：第一，谁的未来？这里面既有国家民族的未来，也有学生个人发展的未来。"深高"致力于面向国家民族的未来培养栋梁之材，就是为党育人、为国育才，就是培养社会主义事业的接班人，培养中华民族伟大复兴事业的建设者。同时，"深高"也致力于充分发挥学生个体的优势和长处，为学生提供最优化的成长路径。孩子是整个社会的未来，是国家民族的希望所在。因此，"为了未来"体现在"深高"的办学理念——"育人为先、科学发展"上，着眼于人的全面发展，为学生的终身发展奠定基础。

而教育情怀在本质上是与教育理想相辅相成的。教育者的情怀应该以家国情怀为根、为源，很难想象没有使命感的情怀。责任担当是教育情怀的第一要素。家国情怀是教育者立身养德之本。习近平总书记提出的"四有"好老师标准，

---

①龙建刚. "为了未来"的深高样本——访深圳市高级中学校长、广东省中小学名校长工作室主持人邵爱国 [J]. 广东教育（综合版），2021（11）：16–19.

对其中的"有理想信念""有道德情操",我的理解就是要求教育者首先要有家国情怀。教育者的责任和使命就是培养有家国情怀的社会主义建设者和接班人。教师的高度决定了教育成效的高度,教师的价值定位决定了学生的未来价值追求,所以教师一定要有大格局,要把家国情怀作为自己情怀的核心部分,这样才能培养出民族复兴和国家强大的责任担当者。德国哲学家雅思贝尔斯说过一段广为流传的话:"教育的本质意味着,一棵树摇动另一棵树,一朵云推动另一朵云,一个灵魂唤醒另一个灵魂。"他用非常形象的话阐述了一个重要的哲理:教育真正的价值在于启蒙、唤醒、打开、点燃、开悟、得道⋯⋯同时,我推崇陶行知先生"捧着一颗心来,不带半根草去"的教育情怀,以一颗仁爱之心扶持学生和教师,从爱与善意出发构建学校生态,努力为每个孩子的成长与整个社会的未来提供最优质的教育。

师生生命成长共同体演绎下的"深高"创造

《广东教育》: 您认为"深高"最为突出的特质是什么?这种特质在师生身上主要体现在哪些方面?

邵爱国: "深高"是成长在特区改革开放沃土上的年轻学校,办学24年,完美演绎了"深高速度"到"深高质量"的华丽蝶变,成功践行了"深高品牌"向"深高创造"升华的崭新路径。24岁,可谓朝气蓬勃、风华正茂。在思考"深高"校园文化特质的时候,老师们一致认为应该是"团队精神,合作意识,成功欲望,拼搏干劲",通过反复讨论,最后把它升华为"团结协作,敢于成功",并将其凝练成为学校文化的精神内核。"团结协作","深高人"拥有团结协作的工作传统,"深高"的发展史就是一部团结协作的奋斗史。因此,学校特别重视个体与群体互促共进的行动价值,强调团结起来、攻坚克难的协作意识,鼓励师生构建学业合作共同体、生命成长共同体,并以此作为"深高"可持续发展的重要精神内核。"敢于成功","深高人"一直拥有敢于成功的精神传承,师生都有不惧艰苦、敢于挑战的自信和勇气,从而创造了一个又一个从无到有、从新到强的奋斗故事,学校始终鼓励师生发现自我、探索未知、担当使命、创造未来,释放智慧生产力,并以此作为"深高人"彼此成就的重要精神力量。

至于说到"深高"学生的突出特质,"深高"以实现学生潜能的最优发展、培养具有未来胜任力的人为己任。学校希望"深高"学子有这样的气质:当处于劣势时不服输、在面临困难时不妥协、在喧嚣纷扰中不盲从、在攻坚克难时不含糊、在咬定目标后不停歇!我们的目标有没有实现呢?在这里,我引用一下香港中文大学(深圳)校长徐扬生院士的评价或许比较客观一点。徐校长有一次接受媒体采访,被问到对深圳四大高中名校学生的印象时,这样评价"深高"学生:"'深高'的学生发展得比较全面,集体精神也不错,音乐、体育特别优秀。"概括起来,就是三个方面——"全面发展""团队意识""艺术体育素养特别优秀"。

改革开放基因孕育下的课程育人

《广东教育》:课程是学校育人的关键抓手。深圳是改革开放的排头兵,其高新技术产业发展是全国的一面旗帜。在这样的生态背景下,"深高"对于科学技术与课程育人的融合有着怎样的思考与尝试?

邵爱国:课程是引领学生成长的核心,活动是丰富学生成长的抓手,管理是规范学生成长的"保护神"。

得益于深圳特区改革开放的基因和创新发展的气质,建校之初,"深高"就把"科技与课程融合育人"作为学校发展和人才培养的方向。早在1997年我们就成立了"深高学生科学院",并在2011年将其升格为"学生科学研究院",筑成孵化创新拔尖人才的"蜂巢"。学生科学研究院与腾讯、华为、大疆、北京航空航天大学等高校和科研院所、高新企业合作,开设了AI创新实验室、无人机实验室、3D打印实验室、分子生物学实验室、微生物实验室、光学实验室、影视传媒实验室、环境工程实验室、新能源工程实验室等21个高新科技实验室、工作室,共开发了80门科技校本课程,形成22门精品校本课程,强化创新拔尖人才的合作培养机制,同时也整合研究性社团、创客社团,探索创新人才培养的新机制。

目前,学校共成立15个科技社团或创客工作室,其中"三模"(航空、航海及车辆模型)社团和机器人社团获深圳市优秀科技特色社团称号。在近三年的深圳市中小学探究小课题的评选活动中,从科技社团中培育的科研小课题成功申报 21 项。从科技社团中走出的小创客们，在深圳市学生创客节、广东省创客大赛中屡获佳绩。"深高"的"小院士"们在国际国内各类科技创新大赛中，至今已获得国家级和国际级奖项共 103 项。

《广东教育》：在大数据时代背景下，尤其是处在深圳这样一个数字化技术和产业都非常发达的城市，"深高"对于德育与大数据之间的融合创新有哪些具体的做法？

邵爱国：数据是新时代的生产力，是教育的重要资源。"深高"要做大数据的"挖掘者"，与大数据同行，变革教育与学习。拥抱大数据，发掘数据的价值，探索以大数据为基础的问题解决方案，实现大数据与德育的深度融合是"深高人"在新时代的不懈追求。

"深高"运用互联网思维，跨界、融合、创造性地构建了"和谐班级管理平台""我的青春@紫色城堡——深高综合素质评价系统""校本选课系统""学生心理管理系统"，打造了追踪学生成长的数据链。

学校收集、存储、清洗、分析了学生消费数据、寝室数据、请假数据、体测数据、体检数据、成绩数据、行为常规数据、义工数据、社会实践数据、课程数据、就医数据、获奖数据。以 2019 级为例，仅一年时间，我们就收集了学生 130 万条各项数据。数据的应用使"深高"的德育长出飞翔的翅膀——"数据化"，实现了评优评先数据化、素养描述智能化、行为预警数据化、家校沟通数据化、心理健康档案化。所以，在现在的"深高"，"五好学生""优秀班主任""优秀班集体"不仅是评出来的，也是算出来的。

管理模式创新下的"深高"集团化智慧生态体系

《广东教育》：集团化办学是目前促进教育优质均衡的重要路径，"深高"推进集团化发展的关键经验有哪些？

邵爱国：集团化办学的特色重在学校内在的管理模式创新，"深高"立足多年的基础教育集团化办学实践经验，提出"集团化智慧生态体系"治理模式。

一方面，我们构建了集团化智慧生态体系的运行机制。

"深高"集团化办学以垂直管理为主线，以扁平化管理为辅线。垂直管理是指总校行政的纵向管理，各校区由集团行政副校长负责独立运行。集团基于对各校区资源情况的分析，重构成员校之间的协作关系，构建起由集团决策层与成员校决策层之间互动协作的立体决策网，实现了治理中的实效与高效。

"深高"探索了"分布式决策分工"，即各成员校分别对集团某些工作板块的决策负责，即将不同成员校分别打造为集团课程建设基地、集团科研建设基地等，由对应责任校对全集团相关板块的工作提出完整决策方案，集团领导对最终决策拥有建议权和一票否决权。

另一方面，我们形成集团化智慧生态体系的运行样态。

从"文化复制"走向"互动互生"。"深高"探索学校管理、教师发展、学生成长、质量提升等方面行之有效的策略，创新组织形式，发挥集团总校的品牌效应和示范引领作用，激发集团内学校办学活力，推进集团内资源共享、文化共建、特色融合、管理一体，建设互动共赢的学校发展共同体，让集团每个孩子都享受平等优质的教育，让集团每位教师在互动中共同发展。

《广东教育》：现在的集团化办学在实践模式上往往是以中心校带成员校，这样会令人生出中心校资源被稀释的担忧。"深高"是如何应对这一问题的？

邵爱国："深高"不是简单地将中心校的资源输出到成员校，而是追求通过优化配置实现"集团有品牌，校区有特色"的格局，实现"共享、共赢、共进"的最优化发展。

"深高"一是实现了从"中心—边缘"走向"动态平衡"。智慧生态体系理念下的集团化办学，是多中心、扁平化的动态平衡治理结构。领衔校与成员校都是处于同一生态体系内的产生信息互动的主体，都有自主的权力从众多可能的治理方案中选择适应其发展的一个理想方案。这样的选择适应过程让领衔校与成员校间处于一种充满矛盾，但又相互促进、动态修正的平衡。

二是实现了从"资源稀释"走向"无限研创"。"深高"将中心校区定义为"思想输出、文化输出、方法输出"的基地，通过"软件输出"带动成员校师资队伍、校园文化以及课程体系建设，而在"开发、创造、实施"层面上则提倡和主张成员校自身的校本理解和个性实践。

集团化办学通过营造良好的跨域合作教研氛围，搭建更频密、更广域的交流展示平台，从更深层次去调动和激发每位教师的聪明才智，汇聚更多、更大的创新能量。从而将集团打造成知识共同体，真正实现由"名校资源稀释"到"名校资源无限研创"的深刻转变，切实提升集团化办学的发展内涵品质。

"未来人"培育理念下的学校定位与担当

《广东教育》："深高"办学 24 年，积累了丰富的办学经验。近年来，在集团化办学的过程中更是形成了特色鲜明的"深高样本"。像"深高"这样的学校，在区域教育乃至中国基础教育中都有着自己的角色定位与责任担当。在您的带领下，"深高"有着怎样的自我定位与发展目标？

邵爱国：面向后信息化时代全球格局，"深高"要紧跟中国特色社会主义新时代的建设步伐，深刻理解"未来"定义以及"未来人"成长的关键能力和素养要求，努力创设世界领先的"未来人"培养体系；依托集团化发展优势，打通十二年育人路径，构建多层、多类、多元协同的教育生态系统，努力推动"深高"教育向教育共同体形态发展，创建国际一流的未来教育共同体，建设具有示范价值的新型教育集团。

各校区则在集团整体规划和布局中，充分发挥自身的优势和主观能动性，在形成"深高范式"的历程中承担自己的使命，不断拓展各自的变式，实现"各美其美，美美与共"的发展格局。其中，中心校区作为"集团内的新变革发动机"，重点建设具有全球视野和全人立场的学术化发展的高中，打造成素养育人时代的"未来型"新高中范本；南校区作为"集团内的新评价根据地"，重点建设具有全链视角、评价驱动、精致化发展的精品初中，塑造成新时代初中优质教育的典范；北校区作为"集团内的新课程孵化器"，重点建设素养导向、方式多元、未来化发展的九年一贯制学校，建造为教育新时代九年育人的完整创新样板；东校区作为"集团内的新模式试验田"，重点建设资源打通、机制创新、品质化发展的十二年一贯制学校，努力成为适合深圳的十二年一贯制办学方案探索者。

全员育人导师制工作手册

深高（集团）东校区高中部

全员育人导师制

工作手册

（ 20　 － 20　　学年第　　学期）

导师姓名：

学科 / 部门：

导师育人格言：

受导学生基本情况

学生姓名		出生年月		所在班级		导师姓名	
家庭住址				联系电话			
学生情况分析							
施导方向及目标							
谈话记录一							
谈话记录二							
共同用餐记录							

导师组会、主题班会、家长会等会议记录

时间		地点		主持人		班级	
与会人员					会议类型		
会议纪要（研究问题、措施）							
心得体会							

期末总结

导师签名：

时间：

全员育人导师制学生成长档案

（　　—　　学年第　　学期）

姓名		学号		班级	
我这样 分析 我自己					
我的努力 方向和目标					
导师 寄语					
期末 自评					
期末 导师 评语					

后记

　　在前面章节中，深高（集团）总结了生态化办学在实践过程中可以解决的问题和成效，在一定层面上补充了集团化办学的短板，帮集团办学管理者增加了更多的方法与工具，在全员育人、全程研修、教育融通方面的探索都有其十分宝贵的实践意义。而生态化办学并非一把万能钥匙，它虽然在深高（集团）可以试点成功，但生态化办学还缺少其他城市或是粤港澳大湾区集团化办学的试点样板案例，因此无法保证集团化办学遇到所有的问题都能够迎刃而解。

　　总体而言，尽管每个学校的具体情况有各自的独特性，但深高（集团）提出的生态化办学可以提供一种思路和选择，至少从深高（集团）的探索和实践来看，它是一个行之有效的方法论，是集团化办学面对复杂教学环境的一种行之有效的方法。深高（集团）推行的全员育人导师制、全程研修制等，有其发挥自身优势的特点所在，以品牌学校带动其他学校相对有些优势。因此，生态化办学的实施需要对集团品牌优势进行自我分析、扬长避短，发挥优势。只有建立良好的机制，才会产出良好的产品和符合学校自身发展的模式。

　　愿生态化办学可以为集团化办学的管理者们带来解决问题的新思路和新方法！愿有更多的教育集团可以在生态化办学的路上携手并进，让更多的集团化办学的管理者从此受益，让更多的教师和孩子从生态化办学中获益。如能达到这个目的，此书的意义就善莫大焉！

　　在本书最后需要说明的是本书第四章第五节"成果汇报"所用的文章，很大一部分取自学校的多位教师，这些文章生动地展现了全员育人导师制的实践效果，在此要特别致谢。这些教师是鲁春梅、陈强、郭信平、杨嘉聪、张培兰、贾卫、刘俊涛、郑燕燕、黄杜娟、周月林、王祎、田满、杨衣林、王晓宇、陈春敏、李培桐、高娜、何祖椿、贾维莉、方克明、侯鑫华、胡蓉、陈靖、柯峻、李红霞、司清宇、李红、尤苍芹、张春玲、洪全寿、叶欣媛、赖剑瑜、梁经业、陈欣、李亚楠、熊静夷、蒋振华、范冬梅、樊迎鑫、李姣、刘丹、谭明。